国家出版基金项目
NATIONAL PUBLICATION FOUNDATION

十万个为什么

中华传统文化

下学上达

何俊 胡海丹 著

浙江少年儿童出版社·杭州

图书在版编目(CIP)数据

中华传统文化.下学上达/何俊,胡海丹著.一杭州:浙江少年儿童出版社,2019.12
(十万个为什么)
ISBN 978-7-5597-1728-3

Ⅰ.①中… Ⅱ.①何… ②胡… Ⅲ.①中华文化一少儿读物 Ⅳ.①K203-49

中国版本图书馆 CIP 数据核字（2019）第 261888 号

十万个为什么·中华传统文化

下学上达

XIAXUESHANGDA

何俊 胡海丹 著

项目策划 石英飞
责任编辑 刘迎曦
美术编辑 成慕姣
封面题字 何 俊
封面绘图 王晓旭
内文插图 米 口
责任校对 唐佳佳
责任印制 王 振

浙江少年儿童出版社出版发行
（杭州市天目山路 40 号）
杭州杭新印务有限公司印刷
全国各地新华书店经销
开本 710mm×980mm 1/16
印张 13.25
字数 91500
印数 1—6000
2019 年 12 月第 1 版
2019 年 12 月第 1 次印刷
ISBN 978-7-5597-1728-3
定价：28.00 元
（如有印装质量问题，影响阅读，请与购买书店或承印厂联系调换）
承印厂联系电话:0571-87640154

目录

1 为什么在蒙学阶段有必要学习“三百千千弟子规”？

中国文化是充满智慧的文化，古人积累的知识在今天仍然具有教化人心、涵养品格的作用。在蒙学阶段让孩子诵读“三百千千弟子规”，也就是《三字经》《百家姓》《千字文》《千家诗》《弟子规》，可以让初学者对中国的传统文化有一个基本的了解。《三字经》读起来朗朗上口，把中国文化简要地介绍了一遍，把历史、政治、文学、人情、事理都涵盖其中。《百家姓》四字一句，在帮助孩子认识中国文字、了解姓氏文化方面起了重大作用。《千家诗》对于了解中国的诗歌有很大帮助。《千字文》由一千个不重复的汉字组成，认识这一千个字以后，儿童的汉字识字量会得到较大的提升，除此之外，孩子们还能了解一些关于宇宙、物理的知识。《弟子规》是教孩子们学会做人、养成良好品行的书。所以说，“三百千千弟子规”是孩子们在蒙学阶段的绝佳读物。

2 为什么孟母要三迁？

“孟母三迁”讲的是战国时期大思想家、哲学家孟子的故事。孟子的母亲为了给他选择一个良好的生活环境，创造更好的学习条件而三次搬家。孟子小时候原来住在坟地附近，他经常学别人哭拜。孟母一心想让孟子成为好读书、有学问的人，认为这个环境不利于孩子的成长，就决定搬家。他们搬到集市附近，可到了新家后，孟子又模仿别人做生意。孟母认为这个环境也不好，于是又把家搬到学宫对面。学宫是国家兴办的教育机构，聚集着许多既有学问又懂礼仪的读书人。学宫里朗朗的书声把孟子吸引住了。他时常跑到学宫门前跟着学生们学习礼节和知识。孟母非常高兴，就定居下来了。后来，孟子终于成为我国历史上伟大的思想家、教育家和儒学大家。

3 为什么 许多文人向往归隐田园？

许多文人对田园生活都充满了向往和憧憬。提起田园，人们的脑海中就会浮现出一幅优美安静柳绿成荫的场景，从心底产生一股羡慕之情。在田园里，人们的生活从喧嚣走向诗意。说到田园生活，我们不得不提在一千六百年前将这种生活方式写入诗歌的诗人陶渊明。他挂印去职，于庐山脚下躬耕田园，在那里写出了“采菊东篱下，悠然见南山”等脍炙人口的诗句。陶渊明也开启了一代又一代中国文人的田园生活梦。其实，这种对田园生活的向往与文人的社会地位密切相关，又往往因他们的抱负得不到施展等多重因素而起。当天下无道或自己的政治抱负难以施展时，文人们往往选择回归田园世界，纵情山水之间，沉浸在豁达明理的理想生活状态中忘却心中烦忧。

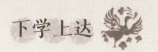

4 为什么“六艺”还包含了“御”？

“六艺”是周朝官学要求学生掌握的六种基本技能，即礼、乐、射、御、书、数。礼指的是礼仪的培育；乐是指音乐；射指射箭技术；御代表驾驶马车的技术；书指书法；数指的是理数、技术、方法和规律。“六艺”强调人的全面发展，是一套完整的教育体系，对古代社会的发展和后世教育都有重要的意义。其中“御”作为驾驭马车和战车的技术，有“五御”之分，第一是鸣和鸾，“和”“鸾”都是车上装饰的铃铛，行车时，和、鸾的节奏要统一；第二是逐水曲，指沿着弯曲的水沟驾车而不坠水；第三是过君表，指经过标示国君位置的旗帜时要有礼仪；第四是舞交衢，指过通道而驾车自如；第五是逐禽左，指打猎时追逐猎物从左面射获。由于马车在古代是交通和征战沙场的必要工具，所以“御”这项技艺是古代贵族的必学之课。

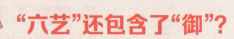

5 为什么会有岳母刺字的故事？

岳母刺字是民间广泛流传的一个故事。岳飞是宋朝著名的抗金将领。当时北方的金朝不断侵扰南宋王朝，国家处于生死存亡的关头。岳飞为了保卫国家，决定投军去前线杀敌。临行前，他的母亲鼓励他一定要始终以报效祖国为自己的志向，并且在他的背上用针刺了“精忠报国”四个字，刺完了之后，又涂上墨水。从此，“精忠报国”四个字就永不褪色地留在了岳飞的背上。岳飞在军队中也把“精忠报国”四个字铭记于心。他建立起了一支纪律严明、英勇作战的抗金军队——“岳家军”。他率领这支军队多次打败金军，立下战功，成为了著名的抗金英雄，受历代人民敬仰。虽然岳母刺字故事的真实性在历史上仍然存在争议，但是岳飞的勇气和决心值得我们学习。

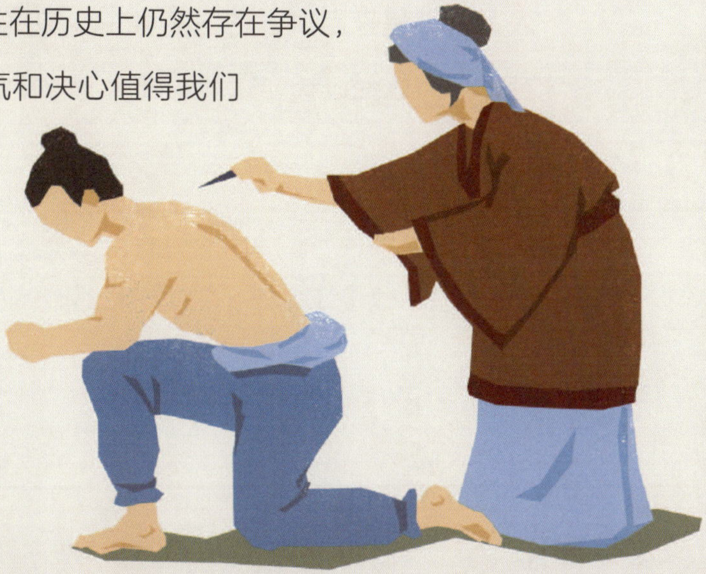

6 为什么古代读书人都要赶考？

在古代，朝廷为了招揽优秀人才，启用了科举制度。“进京赶考”就是伴随着中国古代科举考试的出现而产生的。它是读书人考取进士必须走的一条路。由于每次考进士的时间是固定不变的，考试的地点又多在皇帝所在的京城，所以便有了“进京赶考”一说。当然，“进京赶考”不是所有人都能参加的，通常读书人要经过几道门槛才能获得“进京赶考”的资格。学子们首先要通过竞试考上秀才，这还只是个起点。考生还要通过州县考试考上举人。这几次考试的难度都非常大，很多人一辈子都没能获得举人的身份。成为举人以后，学子们才有资格进京考取进士。此时，来自全国各地的举人，特别是来自偏远地区的考生，要提前好几个月开始准备，然后经过长途跋涉前往京城，参加考试。

7 为什么 儒家先师被尊称为“子”？

儒家学派产生于先秦，是诸子百家之一。秦始皇执掌政权后，烧掉了很多儒家的书籍，使儒家受到了很大的打击。后来的汉武帝听从董仲舒“罢黜百家，独尊儒术”的建议，使儒家重新兴起。儒家先师，指的是对儒家的产生和发展发挥重大作用的人物，他们有孔子、颜子、曾子、子思子、孟子、荀子。“子”是古代对成年男子的尊称，在春秋战国时期，拥有一定社会地位的成年男子都可以称为“子”。“子”还是“公侯伯子男”五等爵位中的一个级别。真正能获得别人以“子”相称的地位的，一般是两种人：一是在社会上公信力较高的，如老师；二是较有地位的贵族。其中，儒家先师中的孔子、孟子、荀子属于前者，他们是儒学大师，因而被尊称为“子”。

8 为什么古代科举通过殿试叫“金榜题名”？

金榜题名是我国古代科举制度中的专有名词。封建科举时代殿试成绩出来后，朝廷会按照名次将考生的名字写在一张黄色的纸上，就称为金榜题名。通常考生要经过四关的选拔才能最终金榜题名。第一关是在县或府里参加考试，称为院试，录取后就是秀才，相公。第二关是省城举行的乡试，通过以后才能进入第三关。第三关是会试，在京举行，考中者称贡士。通过后进入第四关殿试，一般由皇帝主持，通过的考生才能获得金榜题名的资格。前三名分别是状元、榜眼、探花。金榜题名也是中国传统文化中的“四喜”之一。“四喜”指的是人生最大的四件喜事，即“久旱逢甘霖，他乡遇故知，洞房花烛夜，金榜题名时”。其中的“金榜题名”可以说是许多读书人一生的梦想。

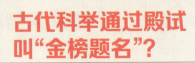

9 为什么科举殿试的第一名叫状元？

“状元”是伴随着中国的科举制度的产生而产生的一个词语。它是令古代考生最倾羡的一项荣誉。“元”就是第一、开始的意思。科举考试以名列第一者为“元”，以此类推，乡试考得第一者就是解元，会试第一是会元，殿试第一是状元，所以状元是经过重重考验，最后得到的最高荣耀。科举制选状元的制度开始于隋朝，确立于唐代，完备于宋朝。从唐朝科举考试开始，至清光绪年间结束科举制度，期间产生了许多状元。状元中又有文状元和武状元之分。其实，“状元”最开始被称为“状头”，原来在唐朝参加考试的士子，经由各州贡送到京城，在应试前需递送“投状”，就类似于今天报考时填写资料的情形一样。考试结束之后，成绩最前者的姓名会被放在最前面，就叫“状头”或“状元”了。

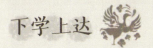

10 为什么管宁要和华歆割席分坐？

管宁和华歆都是汉末三国时期的名士。一次，两个人同在园中锄草，看见地上有一片金子。管宁仍旧不动声色地挥动着手中的锄头，像看到瓦片石头一样不为所动；而华歆则高兴地拾起金片，但是当看到管宁不快的神色后又把金片扔了。又有一次，他们坐在同一张席子上读书学习，有一个穿着礼服的人坐着有围棚的车刚好从门前经过，管宁还像原来一样读书，华歆却放下书出去观看。管宁通过观察华歆的这两次的行为，认为华歆爱好钱财和官位，与自己的兴趣和爱好大不相同，于是就割断席子，一边和华歆分开坐，一边说："你不是我的朋友了。"后来，"管宁割席"的故事传颂至今，比喻与志不同道不合的朋友断绝往来，同时也告诫我们不要被名誉、金钱所迷惑而失去了自我。

11 为什么古人要举行成人礼？

我国古代从西周开始就有了成人礼仪，男孩子的成人礼叫作“冠礼”，女孩子的成人礼叫作“笄礼”。男孩子在满20岁时要行冠礼，意味着可以娶妻生子，同时要承担起家庭的责任和义务。女孩子则在满15岁时行笄礼，及笄代表少女时代的终结，之后就可以嫁人了。成人礼对于古人来说意义很重大。冠礼是古代每个男孩子必须经历的过程，受礼的仪式要在宗庙中举行。冠，顾名思义是帽子的意思，受礼者会将头发盘起来，戴上礼帽。父亲或其他长辈、宾客还会给他另外取一个“字”。通过这种传统的仪式，男子可以正视自己肩上的责任，宣告长大成人。成年礼在中国古代延续数千年，至清入关后终结。

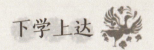

12 为什么古代拜师要送给师傅束脩？

束脩，也可以作“束修”。古代学生与老师初次见面时，必先奉赠礼物，以表示敬意。束脩，最初的字面意思就是一束肉干。弟子拜师，送上挚礼是应该的，但是礼过重或者过轻，都有失于中道。于是，孔子在对拜师礼的制定上，也显示了中道原则。“一束肉干”是孔子规定的拜师礼，既不算厚礼也不算薄礼，正好能让许多出身寒门、身份卑微的穷学生与贵族学生一样享有受教育的权利。后来，随着时代的发展，送给老师的见面礼不一定就是“束脩”了，也可以用其他礼品来代替，例如唐朝就有人送酒肉或者丝绸之类的礼物，以代替“束脩”。东西虽然变了，但用“束脩”作为给老师的见面礼来表示尊敬之情的习俗始终没有改变。后来，学生给老师的学费、酬金甚至老师的工资也都被称为“束脩”了。

13 为什么古人说既要读万卷书又要行万里路？

行万里路和读万卷书对于一个人而言都有很重要的意义。古代的“万卷”原指的是皇帝的试卷，读万卷书意思就是读书人为了获取功名，要博览群书，进京赶考以金榜题名。行万里路的意思是走入仕途，为皇帝办事。如果说读万卷书为了金榜题名；那么行万里路，就是为了大展宏图，学为所用。所以，在古代，读万卷书和行万里路成为了一代又一代学子的人生信条。现代社会人们对读万卷书和行万里路有了新的解释，读万卷书是指要努力读书，不断增长知识。行万里路是指凭自己的所学，能在生活中有所实践，同时应该开阔视野，也就是理论结合实际，学以致用。为万世师表的孔子很重视学习，《论语》开篇的第一句就是“学而时习之，不亦乐乎”。同时他也很重视实践的作用，因此，他通过周游列国来印证自己的所学。

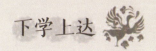

14 为什么古人要抄书？

古人说：“不动笔墨不读书。”在古代，书来之不易，因此读书人抄书成了一件很常见的事。薄的书可能要抄个一年半载，厚的书可能要耗费大半生来抄写。同时，抄书也可以帮助记忆、理解。大文豪苏东坡曾经抄写过《汉书》三遍。有一次有一个友人前来拜访，通报名字后，等待许久，苏东坡才出来，抱歉地对友人说：“我刚刚在完成功课呢！”友人说：“完成什么功课？”苏东坡说：“我每天要抄写《汉书》。”友人说：“我可以看看你抄下来的手稿吗？”苏东坡便把手稿拿了出来。友人选择一段考苏东坡，苏东坡倒背如流。苏东坡通过抄书，理解、掌握书中的精髓，然后再将它们背下来。正是因为他长年累月的积累，才养成了深厚的写作的功力。古人抄书的学习方法，到现在还是值得我们借鉴的。

15 为什么 唐代新科进士放榜后会到曲江举行宴会？

唐代进士及第以后，要进行许多次宴集。这些宴集多在长安城南的曲江岸边举行，故称“曲江大会”。比如“闻喜宴”是皇帝赐宴，“樱桃宴”是在杏园内举办、以樱桃为主食的宴会。其中，“探花宴”是指在朝廷组织的庆祝宴会上，新科进士们把装满酒的杯子放在曲江水面上，酒杯随着水而流动，流到谁的面前停下来，谁就要拿起杯子来喝酒作诗。此外，他们还会在杏园中玩“探花”游戏。“探花”游戏是由大家推选两名年轻俊俏的进士充当探花郎，由他们骑马遍游曲江附近乃至长安各大花园寻觅新鲜的名花，并采摘回来分给各位进士佩戴，以示喜庆。当然历史学家对于探花游戏的规则也有不同的说辞。不过，总的来说，唐朝的读书人把参加曲江探花宴看作是一件非常光荣的事情。

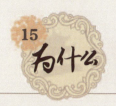

16 为什么 古人用“韦编三绝”来形容读书刻苦？

春秋时期的书和现在的不同，主要是用竹简而非纸张制作而成。一部书要用许多竹简，通过牢固的绳子之类的东西编连起来，以便于人们阅读。通常，用丝线编连起来的叫“丝编”，用麻绳编连起来的叫“绳编”，用熟牛皮绳编连起来的叫“韦编”，其中熟牛皮绳最为结实。当时的《周易》就是由许许多多竹简用熟牛皮绳编连起来的，很厚重。大思想家、大教育家孔子晚年时学习《周易》非常刻苦。孔子阅读《周易》很多次，竟然使得编《周易》用的熟牛皮绳子都断了好几次。后人由此引申出“韦编三绝”这个成语。其中，“三”是概数，表示多次，“绝”是断掉了的意思，“韦编三绝”，就是用熟牛皮绳编的书经过许多次翻阅，最后断了，古人借此来形容一个人读书刻苦。

17 为什么古代读书人相见的礼物是雉?

中国素有礼仪之邦的美誉，礼也包含着礼物的意思。古代读书人通常会互相拜访。拜访者会先派遣一个传话人去对方家里传信，得到同意后方才登门拜访。第一次相见时，客人会带上礼物，选的礼物通常是“雉”。“雉”就是野鸡，作为礼物的“雉”一般是风干后的野鸡。送礼物给主人时，主人一般会先推辞一番，然后才收下，否则就会显得主人很不谦逊。那么，为什么要以“雉”作为礼物呢？这是因为“雉”这种禽类能抵御美食的诱惑，临危不惧，宁死不屈，具有美好的寓意，这与读书人的美好品德具有一致之处。因此，以雉为礼既表达了客人对主人的赞美之情，又蕴含着客人对主人的勉励之意。有趣的是，会面之后，客人会另择时间回访，礼物也是“雉”，体现了“礼尚往来”的涵义。

18 为什么 琴棋书画这四大文人艺术修养中，琴居首位？

在古代，琴棋书画是文人修身必须掌握的基本技能，在古代文人生活中占据着很重要的地位。这四大艺术门类相传都形成于三皇五帝时代。四者中，琴是居于首位的。琴相传是上古时期的伏羲发明的，是中国最古老的弹拨乐器之一。在贵宾面前演奏时，客人常常全神贯注地一边观看，一边倾听。琴常与瑟相伴奏，瑟声一般作为背景音乐。琴离客人近，而瑟被安置于屏风后面，离客人远。客人围着桌案坐，在音乐声中也会边闲谈边吃喝。琴瑟开弹前，先有鼓点声，以示引导。古人发明和使用琴瑟的目的是为了顺畅阴阳之气，纯洁内心。孔子就曾反复强调“礼”“乐”的重要性，认为一个国家兴衰的重要标志在于“礼”“乐”。可见音乐有教化世俗文化的力量。

19 为什么在古代父亲对儿子的教育称为"庭训"?

孔子有一个弟子叫陈亢，陈亢很好奇孔子是怎么教育自己儿子的，于是有一次便问孔子的儿子孔鲤："你受到过老师特别的教诲吗?"孔鲤回答："没有。有一天父亲站在庭院里，我小步快走而过，父亲看见了说：'站住，学诗了吗?'我回答：'没有'。父亲说：'你不学诗怎么能正确地说话?'于是我回去后开始学诗。又一天，父亲又站在庭院里，我又快步走过，他说：'站住，学礼了吗?''还没有。''不学礼怎么能在社会立足呢?'于是我回去后又开始学礼。我只知道这两件事。"陈亢回去高兴地说："我问一件事却知道了三件事，知道了学诗的意义，知道了学礼的意义，还知道了君子不偏爱自己儿子的道理。"后来，古代把父亲对儿子的教育就称为"庭训"。

20 为什么《三字经》的首句是“人之初，性本善”？

《三字经》中的第一句话就是“人之初，性本善”，这是思想家孟子提出的观点。孟子认为人性天生都是善良的，这是因为人天生就有恻隐之心、羞恶之心、辞让之心和是非之心这四种善端，通过慢慢发展这四种善端，培养出仁、义、礼、智这四种道德品质，人就可以为善了。从这个意义上来说，我们人人都可以做到仁、义、礼、智，所以孟子一直鼓励我们人人都可以成为尧舜。社会上之所以会出现好人和坏人，是由于在成长过程中，后天的学习环境不一样，人的性情也就产生了好与坏的差别。“人之初，性本善”这句话对中国文化和中国人的文化性格影响深远。这种文化性格决定了我们相信人本就是善良的，也会向着善的方向发展。

21 为什么苏秦会刺股?

苏秦是战国时代最著名的谋士之一，他曾跟随老师鬼谷子学习纵横捭阖之术多年。苏秦在秦国游说多年，而他的主张却未被秦王采纳。苏秦花光了所有钱财，只好落魄地离开秦国，返回家乡。回到家里，他的家人都不愿意与他说话。苏秦见此情状，很难过，觉得都是自己的错。于是他半夜整理好自己的书，找到了姜太公的兵书，反复学习钻研。每次苏秦读到昏昏欲睡时，就拿针刺自己的大腿，任凭鲜血一直流到脚跟，以警醒自己要努力学习。后来，他终于学成并成功游说赵王获封武安君。赵王赠给苏秦兵车一百辆、锦绣一千匹、白璧一百对、黄金一万镒，用来联合六国，瓦解连横，抑制强秦。在那个时候，天下的诸侯都在苏秦的游说下，团结在一起合众抗秦。

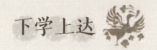

22 为什么古人会易子而教？

古人有过“易子而教”的做法。所谓的“易”，就是“交换”的意思，即我的孩子由你来教育，你的孩子由我来教育。《孟子》中曾经讨论过这个有趣的问题。孟子的学生公孙丑听说过去人们会易子而教，他百思不得其解，便去问老师孟子为什么要易子而教呢？孟子说：“那是因为父亲教育儿子必然应该用正确的道理，而父亲自己却做不到。教育一旦没有成效，父亲接着便会动怒。一动怒，就反而伤了父子之间的感情了。儿子会说：‘你想用正确的道理教育我，而你自己的行为就不符合道理。为什么要求我做到呢？’这样，父亲跟儿子产生了隔阂，就没有办法亲自教育儿子了，于是只好和别人相互交换孩子进行教育。”古人很明智，用“易子而教”作为弥补家庭教育缺失的一个方法。

23 为什么 古人读书时会摇头晃脑?

古人读书可以叫诵读，也叫吟诵。古人读书时声音抑扬顿挫，神气十足。之所以这样，是因为那个时候，书本中还没有标点符号，所以读书的人往往不知道怎么断句。于是在读书的时候就晃头晃脑，用肢体的摆动节奏来附和一下，以便于断句和记忆。同时，古代诗文很讲究神韵和节奏，读出来往往像音律一样，很有韵律感，古人读得入神时自然就会随之摇头晃脑，更加投入其中。那时的教书先生如果看到自己的学生读书时没有摇头晃脑，就会用戒尺敲打他们，以示提醒，所以学生也会一边读书一边摇头晃脑以表示自己正在认真地读书。现代书籍的编排方式已经很方便阅读了，因此人们读书的速度也快了，读书时也就很少摇头晃脑了。

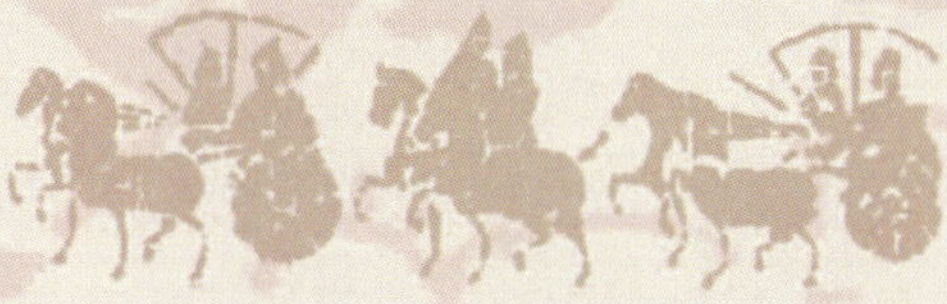

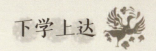

24 为什么古人要春夏读书，秋冬狩猎？

古人以天时来安排自己的行为。三国时期的曹操就提倡过春夏读书、秋冬狩猎的行为习惯。曹操在铜雀台时曾说：“我在家乡构筑房舍，本想以此离世避祸，春夏读书，秋冬狩猎，以此度日，等待天下太平。”这一表述，表达了曹操对生活的一种美好向往。春夏读书，秋冬狩猎，既符合自然环境变化的规律，又符合个人身心发展的规律。春、夏两季气候舒适，最适宜读书。秋冬天猎物因保存体能行动缓慢，因此狩猎比较容易。作为个人，要文武并行发展，不宜一年四季皆在苦读，需要劳逸结合，如此既可以学习其他的技能充实自己，也可以锻炼出更强壮的体魄去完成自己的学业和人生伟业。因此这就是为什么古人会强调要分季节读书和狩猎的原因。

25 为什么“学富五车”被用来形容读书多？

“学富五车”的原文是“惠施多方，其书五车，其道舛驳，其言也不中”。这句话是庄子用来评论惠施的。惠施是战国时期著名的政治家和哲学家，是名家思想的开山鼻祖和主要代表人物。惠施是合纵抗秦最主要的组织人和支持者，主张魏国、齐国和楚国联合起来对抗秦国。庄子说惠施藏书多，是个有学问的人，他的藏书够装满五辆马车之多，但是他的言论很多是谬论。古时候的书和现在的书不一样，中国古人用竹片或木片作为信息载体。用于书写的竹片叫作“简”，又称“策”；用于书写的木片，叫作“方”，又称“犊”。在后来的演变中，“学富五车”被用来表示读书多或者学问大。

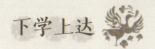

26 为什么古人会春诵、夏弦？

周代贵族教育子弟的方式会因时节而异。在学校里读诗，只需要口诵的方法就叫“诵”，还需要用乐器配合诵读的叫“弦”。一般学生春天吟诵诗歌的篇章，夏天则以琴瑟伴奏诗章的音节，以达到更好的吟诵效果。这个典故出自于《礼记·文王世子》：“春诵夏弦，大师诏之。”指的是应该根据不同的季节采取不同的学习方式，这一点也符合最古朴的学习、教育规律。春天气候宜人，正是生命力生发的时候，人的精力也很旺盛，这个时期学生不容易疲倦，就采用“诵”的教学法。而到了夏天，气候炎热，读书人很容易犯困，学校就采用“弦”的教学方法，一边鼓琴瑟一边诵读，利于学生振奋精神学习。后来，春诵、夏弦的方式泛指读书、研习学业，也指代礼乐教化。

27 为什么古人会在枕上、马上和厕上读书？

古人会在枕上、马上和厕上读书，就称为“三上之功”。“三上之功”出自欧阳修《归田录》。据此书记载，钱思公喜爱读书，曾经对僚属说：“我平生爱好读书，坐着读经书、史书，睡着则读先秦百家著作和各种杂记，入厕的时候则读小令。从未把书放下片刻。”他的朋友曾说：“钱思公每次入厕一定带上书，且读书声响亮，以至于远近都能听见，好学竟到了如此地步。”他平生所作的文章，多半在马上、枕上、厕上完成。后来人们便用“三上之功”形容人们抓紧零碎时间学习。

28 为什么 古代最早的学校只有贵族才能进入？

我国早在夏朝就已经有学校了。《汉书 · 儒林传》记载：“乡里有教，夏曰校，殷曰庠，周曰序。”“校”“庠”“序”都是学校的名称。西周时的学校有“国学”和“乡学”两类。国学又分“大学”和“小学”两级，只有大奴隶主贵族子弟才能入国学。国学设在西周的王都和诸侯国的都城。当时规定周王的太子8岁入小学，15岁入大学；公卿大夫的子弟13岁入小学，20岁入大学。而乡学则多称为庠、序、校、塾等。乡学设置在王都郊外六乡行政区内，供一般奴隶主贵族子弟入学学习。这样，我国最早的教育就完全被奴隶主贵族所垄断，形成了“学在官府”的局面，劳动人民根本得不到受学校教育的机会。直到孔子首开私学后，教育才开始变得逐渐平民化，受教人群变得多起来。

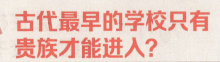

29 为什么 各个朝代有不同的学制？

古代的学制就类似于我们现在的小学六年制，初中三年制等。历代各类学校的学制各不相同。夏商时期，古人已设立官办学校。到西周时期，学校的建制已经较为发达。每年入学一次，隔年考核一次，以考察学生的学业是否达到了成熟的水平。北宋时期，王安石在太学实行“三舍法”，将学生分为外舍、内舍和上舍三个等级，学生通过考核依次晋升。而在元代，将学生分为三等六斋，通过考核积分逐级升斋。明代沿用了元代的积分制，入国子监就读的学生必须先入低级班，一年半以后，学业通过者升中级班，再过一年半，“经史兼通，文理俱优”者升入高级班，而后采用积分制，按月考试，一年积满八分为及格，遂可以待补为官。清代，积分制变得有名无实，毕业时间全凭年限来计。

30 为什么 古代读书人的最高成就叫“大三元”？

“大三元”是伴随着科举制度产生的一个名词。学生参加同省乡试获得最高名次叫解元，在全国会试中取得最高名次称为会元，在殿试中取得最高名次称为状元，三个都兼得就称为“大三元”。在全国会试中取得第一已经很难，更不用说“大三元”。“大三元”成就的取得在浩瀚的历史里是非常难得的，含金量极高。中了“大三元”之后的读书人，都获得过巨大的成就。在中国古代科举考试的历史中，“大三元”及第的文臣屈指可数，据记载，文臣之中只有十四人，他们分别是唐朝的张又新、崔元翰；宋朝的孙何、王曾、宋庠、杨置、王岩叟、冯京；金朝的孟宋献；元朝的王宗哲；明朝的黄观、商辂以及清朝的钱棨、陈继昌。

31 为什么古代会产生游学的求学方式？

游学在古代意味着离开家乡，远游异地，从师求学。中国古代的读书人把游学作为一种传统的学习和教育方式。孔子曾经带领其学生周游列国，在路途中教导学生，帮助他们增长见闻。同时，孔子在游学中与他人切磋学问，不断地传播他的思想和学说，希望获得诸侯的认可，以得到官职，从而为国家的治理出谋划策。游学的现象在先秦很普遍，孟子、荀子等大思想家都曾在周游列国的过程中教育自己的学生。此后历朝历代都或多或少地存在着游学的现象，比如西汉的司马迁就曾游于江淮、会稽、禹穴等地。当然，在现代社会中，游学现象也很普遍，只不过与古时候的游学方式和目的有所不同。现代的游学范围更广、内容更丰富，跨国游学成为越来越多的人们的选择，人们通过这种方式在各国不同文明的碰撞与交流中获得知识和经验。

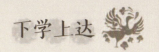

32 为什么 西汉匡衡会凿壁偷光?

西汉时期，有个叫匡衡的孩子，从小很喜欢读书，但是因为家里穷，他买不起书，只好借书来读。那个时候，书对于老百姓而言是很稀缺的，即使有书的人家也不愿意外借。于是匡衡就到有钱的人家干活，不要工钱，只求人家借书给他看。但是他白天得干农活，没有时间看书，于是只能利用晚上的时间。可是匡衡家里很穷，买不起点灯的油。有一天晚上，匡衡躺在床上背白天读过的书，突然看到家里的墙壁上透过来一线亮光。他赶忙站起来，走到墙壁边一看，原来从壁缝里透过来的是邻居家的灯光。于是，匡衡想了一个办法，他把墙缝挖大了一些，这样一来，透过来的光也更亮了一些，他就借着透进来的灯光读起书来。匡衡就是凭借这样的精神坚持学习，后来终于成了一名文学家。

33 为什么古代科举考试时考生要在考场睡觉？

这与科举考试的时间有关。中国封建社会的科举制度，是选拔人才、任用官吏的一个途径。在“万般皆下品，唯有读书高”的信条激励下，千千万万的学子在这条狭窄的通道上竞争。明清时期，科举取士大致分为三个大的等级。首先是童试，中第的人称为“秀才”；二是乡试，考上的人称为“举人”；最后是会试、殿试，考上以后就是“进士”。这其中，有的考试要考三场，每场都要考三天。科举考试要求严格，除了考生入场携带的考试用具，其他的都不允许携带。为防止夹带，要对考生进行严格的检查，甚至要求他们将头发散开，脱下衣服、检查鞋袜，严防他们携带片纸只字进入考场。点名入场后，考场就会关闭，禁止出入。每位考生都被限制在一个小格子中，吃饭、睡觉因此都要在考场的这个小房间中进行。

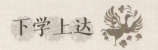

34 为什么 古代书生身边常常伴有一个书童？

在古代，读书人身边伴有书童是十分普遍的现象。书童指的是侍候主人以及陪伴主人读书的未成年的仆人。自从科举制度实施以后，考取功名一直是读书人梦寐以求的目标，十年寒窗只为求得金榜题名。在这个过程中学习知识显得尤为重要，富人家为了让孩子能够更好地读书，一般会请书童陪伴和监督。穷人会把孩子送去富人家里当书童。书童会替主人整理家务，相当于仆人，还会为主人整理书房、文具等，比如在主人写字读书时候，会为其端茶倒水、研墨，做一些辅助学习的工作。等到主人进京赶考时，书童会陪伴主人赶考，在遥远的路途中，书童需要照顾主人的起居，帮主人携带生活用品。同时书童也可以跟着主人一起念书识字，增长自己的见识。

35 为什么 形容读书辛苦是“十年寒窗”，而不是“十年酷暑”？

古人谓：“十年寒窗无人问，一举成名天下知。”“十年寒窗”原指科举时代，读书人为了考取功名，终日埋头在窗下苦读的情形。“寒窗苦读”并不是说天气寒冷，而是说读书人贫穷或者孤独的意思。许多读书人都出身贫苦家庭，要克服重重困难，才能取得自己想要的成功。可以说这么多年的寒窗苦读都无人关注，直到取得功名才为天下人所知。“十年”也不是指士子苦读所耗费的确切时间，而是一个虚数，是学子准备科举考试很多年的意思，有的学子甚至为此付出超过十年的时间。“十年寒窗”生动地道出了古代士子读书生涯的酸甜苦辣。中国历代学子中刻苦读书的例子非常多，有的学子甚至读书读到白发苍苍才及第；也有的读了一辈子书也未能及第。“十年寒窗”一词现在仍然用来形容长期刻苦地读书。

36 为什么古代科举考试主要考四书五经?

四书五经是“四书”和“五经”的合称，泛指儒家经典著作。“四书”指的是《大学》《中庸》《论语》《孟子》。“五经”指的是《诗经》《尚书》《礼记》《周易》《春秋》五部。《礼记》通常包括三礼，即《仪礼》《周礼》《礼记》。《春秋》由于文字过于简略，通常与解释《春秋》的《左传》《公羊传》《谷梁传》分别合刊。“四书”之名始于宋朝，“五经”之名始于汉武帝时期。“四书五经”被用为科举教育体系中的教科书。“四书五经”是中国传统文化的重要组成部分，是儒家思想核心的载体，更是中国历史文化古籍中的宝典。儒家经典“四书五经”包含的内容非常广泛，在世界文化史、思想史上具有极高的地位。历代科举考试命题都选自“四书五经”，可以看出其在中国历史上的重要性。

37 为什么古代读书人称自己为晚生？

中国自古是一个礼仪之邦，在儒学和礼学的影响之下，如何正确地使用尊称和谦称在日常交际中十分重要。古人根据不同的年纪，不同的身份，不同的场合，不同的性别，面对不同的对象，都有着不同的自谦称呼。谦称总体上都是贬低自己、抬高对方以表达对对方的尊重和敬意，比如小、敝、薄、愚、浅等形容词一般都放在谦辞前面。中国古人在交往过程中，使用谦称是非常讲究的，如果没注意到这一点，有可能会闹出笑话。“晚生”就是古代读书人面对前辈时的谦辞，说明自己是新学后辈，表示对前辈的尊重。比如《范进中举》中就提到过：“晚生久仰老先生，只是无缘，不曾拜会。”其实我国古代读书人还有许多谦称，比如：小生、晚学、不才、在下等。

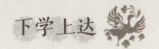

38 为什么董仲舒三年不窥园？

西汉时期的儒者董仲舒，小时候就聪颖过人，喜爱学习。他的父亲董太公看到他读书如此刻苦，于是决定在房子后面修建一个花园，让他读书之余可以到花园里歇息一下。园子动工以后，一派欣欣向荣的光景。董仲舒的姐姐经常邀请他到园子里玩，可是董仲舒只是摇头，继续看手中的竹简。后来，小花园中建起了假山，亲戚、邻居的孩子们经常爬到假山上玩。小伙伴们叫董仲舒一起玩，他却仍旧在竹简上刻写诗文，头都顾不上抬一抬。花园建成了以后，亲戚朋友们带着孩子们前来参观，都夸董家的花园很精致。父母叫董仲舒去玩，他只是点点头，仍埋头学习，于是留下了三年不窥园的典故。随着年龄的增长，董仲舒的学习欲望越加强烈，遍读了各家书籍，最终成为了令人敬仰的儒学大师。

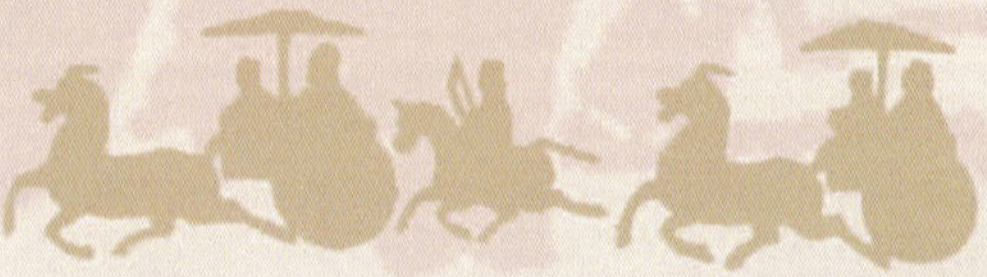

39 为什么 屈原选择在洞中苦读？

屈原出身于楚国没落的贵族家庭，虽然家境不比鼎盛时期，但也衣食无忧。屈原的父母对他的教育很是重视，屈原从小对自己也非常严格。他在家中读书时，冬日炉火很旺，屋子里非常暖和，不一会儿，屈原就感觉昏昏欲睡。离屈原家不远处有一座山，山中环境安静，平时很少有人到这里来。于是他便想到去家后面的这个山洞里读书，这样能锻炼自己读书的毅力。他把想法告诉了家人，遭到了家人的反对。但是屈原不顾家人阻拦，带着书本来到山里，找了一处背风的山洞，开始读书。山中气温本来就低，洞中更是寒冷潮湿，没过多久就把屈原的手脚冻僵了，但是他搓搓手跺跺脚让自己暖和起来后继续读书。屈原在山洞里坚持了三年，终于把《诗经》读懂读透了，这也为后来他著《九歌》《离骚》等名篇奠定了坚实的文学基础。

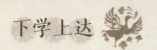

40 为什么 蒲松龄会在路边搭建茅草凉亭并记录过路行人所讲的故事？

蒲松龄是清代的大文学家，他从小聪明好学，但是长大以后几次应试都落第，于是便全身心地投入到博览群书当中。为了写成《聊斋志异》，他就去民间到处搜集传说、故事。他在家乡靠近大路旁的一棵大树下面，搭建了一座茅草凉亭，供路人歇息，路人看见这里有一个可以休息歇脚的地方，大多会停下来，坐一会儿。蒲松龄免费给他们供茶供烟，请他们讲一两个民间故事。每次听完故事以后，他都会把故事记录下来。就这样日复一日，年复一年，蒲松龄收集到了许多民间故事，历经几十年，他终于写成了闻名中外的短篇小说集《聊斋志异》。这部著作以说狐谈鬼的表现方式，对社会的黑暗面进行批判，并“寓赏罚于嬉笑”，具有很高的文学艺术魅力，在文学史上具有重要的地位。

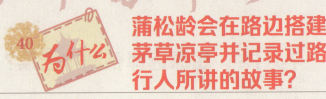

41 为什么刘勰会在佛殿借读?

刘勰很小的时候就成了孤儿，生活困窘，经常和寺院的和尚住在一起。因为受到环境的影响，他渐渐地对那些寺院经书很感兴趣，而且对佛经颇有见解。刘勰白天的空闲时间很少，于是便在晚上读书，但是当时用蜡烛看书也是一件很难做到的事，于是他想到一个好办法，就是去佛堂大殿里读书，因为那里有烛光。后来，和尚们时常在夜里听见佛堂大殿里会传出阵阵读书声，以为大殿里出现了鬼，立刻向管事的长老报告这个情况。长老等一群人就来到大殿里一探究竟，却发现原来是刘勰正在津津有味地读着书。正是因为这种刻苦用功的精神，他最终写成了一部文学理论专著《文心雕龙》，在历史上获得了很高的评价。

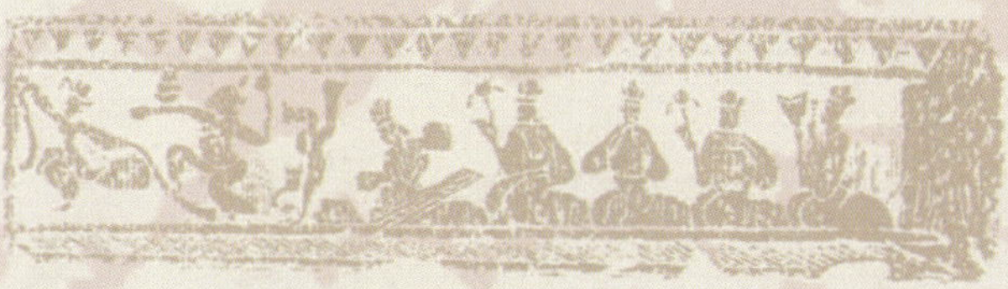

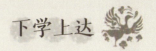

42 为什么 晋代的车胤会囊萤夜读？

晋代的车胤从小勤奋好学，孜孜不倦，但是由于家中贫困，父母无法为他提供良好的学习环境。为了维持温饱，家中也没有多余的钱来买灯油供他晚上读书。于是，他只能利用白天的时间来背诵诗文。一个夏天的晚上，他正在屋外的院子里诵读一篇文章，忽然看见天空中有许多萤火虫在飞舞，一闪一闪的光点在黑暗中显得有些耀眼。于是，他突发奇想：如果把许多萤火虫集中在一起，不就成为一盏灯了吗？很快，他找了一只白绢布口袋，随即抓了几十只萤火虫放在袋子里面，再扎住袋口，把它吊起来用于照明。虽然光线不怎么明亮，但可勉强用来看书了。从此，只要有萤火虫，车胤就去抓一些来照亮屋子。由于他勤学好问，终于成了一个很有学问的人，后来还入朝担任过吏部尚书。

43 为什么 李密会把书挂在牛角上?

隋朝时有一个年轻人叫李密，他少年时勤奋好学，上进心很强。他打听到山上有一位名士叫包恺，决心向他求学。李密骑上一头牛出发了，牛背上铺着用蒲草编的垫子，牛角上挂着一部《汉书》。李密一边赶路一边读《汉书》中的《项羽传》，正巧越国公杨素骑着快马从后面赶上来，他见李密专注读书的样子，不禁勒住马赞扬道："这么勤奋的书生真是少见啊！"少年书生回过头来，一见是越国公，立即从牛背上跳下来行礼。一老一少在路边上交谈起来，李密谈吐不凡，杨素深感他不同寻常，于是回家后对儿子杨玄感说："我看李密的见识风度，不是你们这些等闲之辈所具有的。"杨玄感因此就倾心结交李密。隋末，李密和杨玄感一起起兵反隋，失败以后，他成为了隋末农民起义队伍瓦岗军的首领。

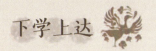

44 为什么陶弘景会在菜园求学?

南朝时的医药学家陶弘景很有探索精神。一天，他读到《诗经·小宛》的“螟蛉有子，蜾蠃负（抱）之，教诲尔子，式谷似之”几句时，心中顿生疑惑。《诗经》的旧注说，蜾蠃只有雄的而没有雌的，于是雄的会把另一种叫作螟蛉的动物的幼虫衔回窝里，作为自己的后代。为了弄个明白，他决定亲自到现场看个究竟。于是，陶弘景来到庭院里找到一窝蜾蠃。经过几次细心地观察，他终于发现，蜾蠃不但有雌的，而且还会生育自己的后代，蜾蠃衔来螟蛉幼虫也并非用来当作后代，相反，蜾蠃会用自己尾巴上的毒针把螟蛉刺个半死，然后在其身上产卵，等自己产下的卵孵出幼虫时，则把螟蛉作为它们的“粮食”。这样一来，蜾蠃衔螟蛉幼虫作子的假象，最终被陶弘景用调查研究的办法揭穿了。

45 为什么 清初的万斯同会闭门苦读？

万斯同，字季野，是清朝初年著名的史学家，以布衣百姓的身份参与编撰了二十四史之一的《明史》，呕心沥血十九年，终成巨著。万斯同小时候十分贪玩，在宾客们面前丢了面子，从而遭到了宾客们的批评。万斯同恼怒之下，掀翻了宾客们的桌子，被父亲关到了书屋里。万斯同在闭门思过的时候静心读了《茶经》，从中受到启发，深知读书学习的重要，从此开始用心读书。转眼一年多过去了，万斯同在书屋中读了很多书，明白了父亲的良苦用心，父子冰释前嫌。万斯同经过长期地勤学苦读，终于成为一位通晓历史、遍览群书的著名学者。

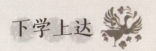

46 为什么南宋陆游的房子被称为"书巢"?

陆游字务观，号放翁，越州山阴（今浙江绍兴）人，是南宋著名爱国诗人。陆游称自己的房子为“书巢”的典故，源于他的著作《渭南文集》。在文章中，他自述自己的屋子里到处都是书，有的书堆在书橱上，有的书陈列在面前，有的书放在床上，四周环顾下来，没有地方没放书。他无论饮食起居，还是卧床养病，无论感到悲伤、忧愁，抑或愤怒、感叹，身边都有书相伴。偶尔想要站起来，他都会发现杂乱摆放的书本围绕着自己，好像堆积着的枯树枝，有时甚至到了不能行走的地步，他便自我解嘲地说：“这不正是我所说的‘书巢’吗！”有时，他邀请客人来家里，客人要么不能够进入屋子，要么进到屋中又不能出来，于是客人也大笑着说：“这确实像‘书巢’啊！”。因此，陆游的家自此便被称为“书巢”了。

47 为什么周代中央设立的“国学”分为“大学”和“小学”？

西周是中国奴隶社会的全盛时期，为了便于统治和教化民众，周朝设置了较为完备的学校教育制度，有了不同类型和级别的学校。西周的学校设置可以分为两类：一类是“国学”，一类是“乡学”。设在天子或诸侯国王都内的学校称“国学”；设在王都郊外六乡行政区内的学校总称“乡学”。“国学”设在周天子和诸侯国的王都内，分“小学”和“大学”两级。“小学”在城内宫廷中，“大学”在南郊。据《周礼》记载，西周“小学”强调的是德行教育，重视以道德来教养贵族子弟。课程有礼仪、乐舞、射箭、驾车、书法、计算等，主要是为培养贵族子弟的道德行为准则和社会生活技能。而“大学”强调的是社会交往教育，其诸多活动与贵族成员的集体聚会、社会生活结合在一起。“大学”和“小学”实际上是统治阶级为贵族后代学习如何成为合格的统治者而设立的学堂，根据学生年龄的不同由浅到深进行区分。

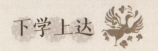

48 为什么魏徵会犯颜直谏?

魏徵，字玄成，隋唐政治家、思想家、文学家和史学家，因直言进谏，辅佐唐太宗创建“贞观之治”的治世局面，被后人称为“一代名相”。据《贞观政要》记载统计，魏徵向李世民面陈谏议有五十次，呈送给李世民的奏疏十一件，一生的谏诤二百余事，多达数十余万言。李世民曾说：“我好比山中的一块矿石，矿石在山中是没有用的，只有经过匠人的锻炼才能成为宝贝。而魏徵就是我的匠人。”由此可知，魏徵敢于直言进谏，除了自身具有耿直不屈、忠心不二的品质外，更是因为贤君的宽容气度与一心为国的精神。只有君臣双方都彼此包容、真诚以待，才会有“贞观之治”的繁荣昌盛。

49 为什么把古代官吏请求退职称“乞骸骨”？

乞骸骨是古代官吏向君主请求退职时使用的敬语，意思是祈求使骸骨归葬故乡。关于这种说法，在东汉班固所写的《汉书·赵充国传》中有这么一个典故：“充国乞骸骨，赐安车驷马”。说的是在西汉时期，太子太傅疏广年事已高，于是上书皇帝请求与侄儿一起退休，好让一把老骨头能葬在故乡。他们的请求得到批准。离京时，公卿大夫在城外为他们饯行，人们敬佩他们不慕功名、功成身退的高尚情操，尊其为“贤大夫”。后世官吏纷纷效仿，于是“乞骸骨”便成为了官吏年老请求退职的自谦说法，广为流传。

50 为什么古人把升官称为“右迁”？

我国古代社会，人与人之间有着严格的等级区分，所谓“君君、臣臣、父父、子子”，每个人有着固定的位子且不可僭越，朝堂官场之中的站位、座次更是需要遵循严格的礼仪制度，以体现君主地位、家国尊严。由于君主与臣子见面时，君主面南而坐于高位，臣子面北并依据官职高低向左右两边依次排开，所以左右之分成为区别尊卑高下的重要标志。在古代中国，是以“左”为尊还是以“右”为尊，并不是一成不变的，在不同的时期存在着不同的规定。周、秦、汉时，朝廷以“右”为尊，因此将升官称为“右迁”，皇亲贵族称为“右戚”，世家大族称为“右族”或“右姓”。虽然到了隋唐、两宋，我国又逐渐形成了左尊右卑的制度，但是“右迁”代表升官的概念已经深入人心。所以，大部分古人也还是因袭汉朝旧制，把升官称为“右迁”。

51 为什么古代把官职授予叫“除”？

中国的汉字是象形文字，在甲骨文中“除”字的形象像崖壁上的阶梯，所以“除”字的本义是台阶，后引申为殿堂房屋的台阶。谷衍奎在《汉字源流字典》中对“除”的字义演变作了解释：“除：本义指宫殿的台阶，引申指阶梯。沿阶而上是个不断弃旧就新的过程，因此又引申为放弃旧的职位接受新的职位。”

在朝堂之上，官吏多因为更好的前程而接受新职，所以上位者常用“除官”一词表达对授予新职务的官吏的赞扬与期许。如《资治通鉴》中说：“其诸道大将久次及有功者，悉奏闻，与除官。”

52 为什么 古代臣民称皇帝为“陛下”？

“陛”的本义是指帝王宫殿的台阶。在古时候皇帝会让近臣、侍卫站在宫殿的台阶下，所以“陛下”起初是指站在台阶下的侍者。

皇帝的位置十分崇高，威仪无比。君臣之间要遵守礼节，臣子不能直接走上前和皇帝对话，只能让站在台阶下的侍者代为转述。所以臣子在上朝的时候会首先高呼“陛下”唤来侍者，之后再进行交流。这种文化传统流传下来，逐渐成为至高无上的君权象征。久而久之，“陛下”一词便成为了对皇帝的专属称呼，用以表示对独一无二的至高之人的尊敬。

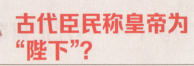

53 为什么古人把成就巨大功业叫“名垂青史”？

“青”指的是竹简，“史”指的是史书。“名垂青史”是指在历史上留下了名字，功劳十分巨大。古人称史书为“青史”是因为在造纸术发明之前，古人是在竹简上记事的。为了使文字信息更加长久地保存下来，竹简的制作需要遵循一定的流程，其中最重要的是“炙烤竹片”的程序。因为新鲜的竹子表面有一层竹青，含有大量的水分，不易刻字或是着墨，所以需要经火烤的处理加工，把竹青蒸发出来，就像是让竹子出汗一般。所以当时人们把这个程序叫“汗青”或是“杀青”。后来这个词语就被后世引申为“史书”。能在史书上留下姓名的必然是十分伟大的人，所以用“名垂青史”称赞他们。

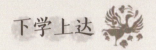

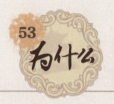

54 为什么古代官员有“官”和“吏”之分?

“吏”最初是百官的统称，是在国家机构中做事的人员。汉代以后，“官”和“吏”开始区分开来。官的地位高，是由中央统一任命的行政人员，有任期和品阶。吏的地位低，是由官员聘用并服务于官员的工作人员，不享受中央的任免与封赏。“官”与“吏”的区分，是中国古代政治制度中一个相当重要的原则，也是古代等级森严的社会结构的反映。官承接的是皇帝的天命，代表皇帝管理一方百姓；吏的职责是辅助官员进行相关治理工作，起到沟通上下、连接臣民的作用。“官”与“吏”各司其职，齐心协力才能维护住一方土地的长治久安。因此古代官员区分“官”与“吏”是十分必要的。

55 为什么古人为官要远离家乡，远离亲人？

古人入朝为官会被调派异地、远离家乡是因为需要遵守古代政治制度中的“回避制度”。回避制度中较为基础的便是“籍贯回避”，目的是避免官员任职时在自己所熟悉的地区谋取私利，与地方势力相互勾结，为所欲为，从而形成强大的地方势力，威胁中央政府的皇权。

早在汉朝的时候，因为当时选官制度的原因，朝廷官员在自己治理的地方有着复杂的社会关系，拉帮结派、结党营私的事件较多，不断扩大的野心与势力严重地影响到了中央集权统治的安全。因此，经后代各朝不断地改革，制定出较为系统的“官员任职回避制度”，国家的统治才稳定下来。

56 为什么古代男子成年了要举行冠礼？

《礼记》中说："冠者礼之始也。"冠礼，是古代男子的成年礼，始于周代。男子20岁的那年通过卜筮选取吉日，由家族长辈主持隆重的仪式为男子梳发加冠。这意味着该男子从家庭中没有地位的"稚子"转变为跨入社会的成年人，从此当践行孝悌忠信的美好品德，承担起家庭、社会、国家的责任，娶妻生子，为官为仕。

冠礼，是对长大成人的青年的嘉奖与告诫，以隆重的仪式肯定他们的社会地位，教导他们自此一生当遵循君子之道行事，正衣冠、明礼仪；正言行，明是非。因此，冠礼作为礼仪的起始，有着十分重要的地位。

57 为什么古人年过八十就被允许撑着拐杖入朝?

这是古代一种尊老的体制，出自《礼记·王制》:“五十杖于家，六十杖于乡，七十杖于国，八十杖于朝，九十者天子欲有问焉，则就其室。”意思是说：五十岁可以在家里拄拐杖，六十岁可以在乡里拄拐杖，七十岁可以在国都的大街上拄拐杖行走，八十岁可以撑着拐杖出入朝堂。允许年过八十之人执杖入朝，是对年老大臣的尊重，也是他们作为一个特殊群体身份地位的象征，是古代社会结构和制度的体现。

58 为什么古人称三十岁为“而立之年”？

“三十而立”出自《论语》“吾十有五而志于学，三十而立，四十而不惑，五十而知天命，六十而耳顺，七十而从心所欲不逾矩”。意思是我十五岁时立志学习，三十岁时能立身处事，四十岁免于困惑，五十岁领悟到天命，六十岁顺应天命，到七十岁时言行就能达到随心所欲的同时不出差错。“三十而立”是孔子对自己三十岁时所达到的人生状态的自我评价。后世人们把它作为行动的旗帜标杆，希望自己到三十岁时能具备独立的人格思想与安身立命的本领，可以自立自强、成家立业。所以“而立”也就成为三十岁的代称了。

59 为什么 古人把书呆子称为“流麦士”？

把读书人称为“流麦士”来源于一个历史典故。传说后汉时，南阳有一书生名叫高凤，以种田为生，生活十分贫苦，但十分喜爱读书。有一次，高凤的妻子去田里干活，让高凤在家看护庭院里晾晒的小麦。哪知天降暴雨，庭院里的麦子都被雨水冲跑了，高凤仍沉浸在书本中浑然不知。直到妻子回来看到满院狼藉的麦子哭笑不得，感慨丈夫读书太过用功。后来，人们便用“流麦”“中庭麦”等词来形容一个人读书专心致志，用“流麦士”称呼书呆子。

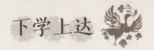

60 为什么古人把苦学叫“编蒲”？

“编蒲”是指用蒲叶写字，“截蒲为牒”的典故出自《汉书·路温舒传》。相传，汉代有一位名叫路温舒的人，小时候以放羊为生。西汉时纸张还没有被发明出来，人们都是用绢帛、皮革、竹简之类的东西作为书写材料。而路温舒家里十分贫寒，使用不起这些昂贵的东西。于是，聪明好学的路温舒就将蒲草截成与竹简一样尺寸，并将其编联在一起，然后借来书籍，将内容工工整整地抄到蒲草上面。因为有了蒲编的书，路温舒就可以一边放羊一边读书。路温舒长大后因熟读律法，做了狱吏；后有人授以《春秋》，他得举孝廉，最后官至临淮太守。后人便用“截蒲”“削蒲”“编蒲”“题蒲”等词代称苦学，勉励读书人刻苦用功。

61 为什么 三国时期的董遇常常教育他的学生利用“三余”时间读书？

“三余读书”的典故出自鱼豢的《魏略·儒宗传·董遇》。汉献帝兴平年间，有一位读书十分用功的书生，名叫董遇。曾有人向他请教读书的技巧，他告诉人们读书没有捷径可走，如果能把书本读很多遍，那么其中的意思自然便会显现出来。请教的人又问董遇，若是想读书，却没有时间去阅读该怎么办？董遇便提出了可以利用冬天、夜晚、下雨天这三种空闲时间读书，概括为“三余”时间读书法。

因为古代中国是以农业为本，大多数人都会从事农业劳动，读书人也不例外。由于自然气候的原因，冬天、夜晚和雨天是农闲时间，在家里休息的人便可趁此机会读书。所以董遇便提出了“三余读书”的方法，勉励读书人刻苦努力。

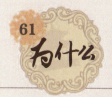

62 为什么祖逖半夜听到鸡叫就起来操练武艺？

祖逖，东晋范阳遒县（今河北涞水）人。“闻鸡起舞”的典故出自司马光的《资治通鉴》。据记载，祖逖是一个志向远大、胸怀坦荡之人，他和好友刘琨一同担任司州主簿。两位青年才俊感情深厚，常常同床而卧互诉建功立业的壮志与决心。一天晚上，祖逖在睡梦中听到公鸡的鸣叫声，他把刘琨叫醒问：“你听见鸡叫了吗？”刘琨说：“半夜听见鸡叫不吉利。”祖逖说：“我偏不这样想，咱们干脆以后听见鸡叫就起床练剑如何？”刘琨欣然同意。于是他们每天一听到鸡叫后便起床练剑，寒来暑往从不间断。功夫不负有心人，经过长期的刻苦训练，他们终于成为能文能武的全才。祖逖被封为镇西将军，实现了他报效国家的愿望。

63 为什么 司马光会使用“警枕”?

“警枕”是古代一种特制的枕头，由一小段圆形的木头制成。人们熟睡之后，头很容易从枕头上面滑落而醒来，因此警枕又叫作“醒枕”，是古代刻苦学习的读书人提神醒脑的用品。

司马光和警枕的故事出自范祖禹的《司马温公布衾铭记》：“以圆木为警枕，小睡则枕转而觉，乃起读书。”相传，宋代史学家司马光著《资治通鉴》时，需要天天秉烛到深夜，凌晨再伏案提笔。他怕因困乏睡过了头，就睡在一个光滑的圆木枕上，只要一翻身，头便落枕，他即会被惊醒，继续工作。也有一说警枕是他少时读书所用。无论怎样，司马光用圆木警枕的刻苦用功的精神值得我们学习。

64 为什么顾炎武说“读书破万卷”？

“破万卷书”的意思是“清楚地掌握了数万卷书籍的内容”。顾炎武是明末清初著名的思想家、经学家、历史学家，与黄宗羲、王夫之并称为明末清初“三大儒”。他少时听从祖父的教导，明白读书做学问是一件要认真对待的事情，必须扎实地读完所有的经典才能有所感悟。为此，顾炎武勤奋治学，自创了“自督读书”的方法：第一步，每日给自己规定需要完成的阅读书目；第二步，要求自己每天读完后把所读的书抄写一遍；第三步，要求自己每读一本书都要做笔记，并写下心得体会；第四步，定时温习先前阅读过的书籍。

在这套读书方法的指导下，顾炎武认真阅读、理解了数万卷的经典书籍，并把其中要义概述出来。这些知识成为他学术研究强有力的基础。

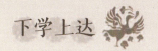

65 为什么明朝的宋濂会冒雪访师?

明朝著名散文家、学者宋濂自幼好学，不仅学识渊博，而且写得一手好文章，被明太祖朱元璋赞誉为“开国文臣之首”。宋濂很爱读书，遇到不明白的地方总要刨根问底。有一次，宋濂为了弄清楚一个问题，冒雪行走了数十里，去请教已经不收学生的梦吉老师。但那天老师不在家。宋濂并不气馁，而是在几天后再次拜访老师，老师依然没有接见他。因为天冷，宋濂和同伴都被冻得浑身都僵硬了，宋濂的脚趾也被冻伤了。宋濂第三次独自拜访的时候，还不小心掉入了雪坑中，幸好被人救起。当宋濂几乎晕倒在老师家门口的时候，老师终于被他的诚心所感动，耐心解答了宋濂提出的问题。后来，宋濂为了求得更多的学问，不畏艰辛困苦，拜访了很多老师，最终成为了明朝闻名遐迩的大学者。

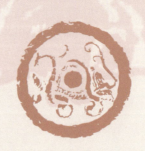

66 为什么 司马迁会在牢狱中写下《史记》？

司马迁是西汉的史学家、散文家。他的父亲是史官司马谈，早年立志撰写一部通史，不幸的是，还没写就染病而死。弥留之际的司马谈对司马迁说：“我们的祖先是周朝的太史，远在上古虞舜夏禹时就取得过显赫的功名，主管天文工作，后来衰落了。难道祖先的荣耀要断送在我这里吗？你继为太史，就可以接续我们祖先的事业了。我死以后，你一定会做太史；做了太史，你千万不要忘记我要编写的论著啊！”司马迁低下头流着泪说：“小子虽然不聪敏，但是一定把父亲编纂史书的计划全部完成，不敢有丝毫的缺漏。”后来，司马迁因替李陵败降之事辩解而受宫刑，他背负着父亲穷尽一生也未能完成的理想，面对极刑而无怯色。在坚忍与屈辱中，司马迁在监狱里编纂《史记》，完成了使命。

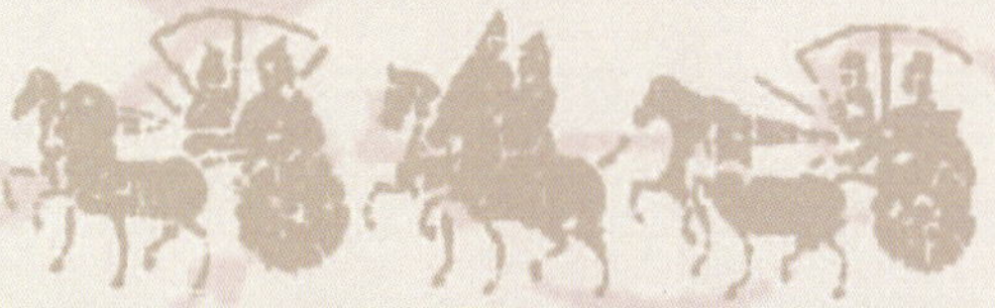

67 为什么 花木兰会替父从军?

花木兰是中国古代传说的四大巾帼英雄之一，是中国南北朝时期一个极富传奇色彩的巾帼英雄，她的故事也是一首悲壮的英雄史诗。北魏时期，朝廷实行府兵制，就是将一部分民户划为“府户”（军户），免其“租调”（人口税），但府户必须世世代代服兵役，当朝廷需要士兵上战场时，每户要出一名男丁应召出征。父死子替，兄亡弟代，不可以逃役，而木兰家正是“军户”。这个时期，北方游牧民族不断南下骚扰，北魏朝廷规定每家出一名男子上前线。但是木兰的父亲年事已高又体弱多病，无法上战场，家中弟弟年龄尚幼。所以，木兰决定女扮男装，替父从军，从此开始了她长达十几年的军旅生活。千百年来，花木兰一直是一位受中国人尊敬的女性，她的形象和事迹被搬上舞台，长演不衰。

68 为什么宋太宗会说“开卷有益”？

宋太宗赵光义喜欢读书。宋朝初年，文官编写了《太平总类》这部书。这部书收集了一千六百多种古籍的内容，总共有一千卷。宋太宗规定自己每天至少要看两至三卷，一年内全部看完。当宋太宗下定决心花精力翻阅这部巨著时，身边的大臣认为皇帝要读这么一部巨著太辛苦了，就去劝告他少看些，也不一定每天都得看，以免过于劳累。可是，宋太宗却回答说：“我很喜欢读书，从书中常常能得到乐趣，多看些书，总会有益处的，况且我并不觉得劳神。”于是，他坚持每天阅读三卷。有时因国事忙耽误了，他也要抽空补上，并对左右的人说“开卷有益”，意思是只要打开书本，总会有好处的。后来，“开卷有益”便成了成语，告诉人们多读书就会有得益，“开卷有益”这个成语便常用于勉励人们勤奋好学。

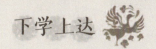

69 为什么贾岛写诗时会反复琢磨“推”“敲”二字？

唐朝的贾岛是著名的苦吟派诗人。他常常为了一句诗或是诗中的一个词，不惜耗费心血，花费工夫。一天，他在驴背上琢磨一首叫《题李凝幽居》的新诗，有一处拿不定主意，觉得“鸟宿池边树，僧推月下门”的“推”应换成“敲”，但又不能确定哪个字更好。他一边做着“推”的姿势，一边做着“敲”的姿势，反复斟酌，不知不觉地一不小心骑着毛驴闯进了韩愈的仪仗队。韩愈询问何故，贾岛就把自己作的那首诗念给韩愈听，也把自己关于“推”“敲”的困惑说了一遍。韩愈听了，对贾岛说：“还是用‘敲’好，在夜深人静，拜访友人，敲门代表你是一个有礼貌的人！而且一个‘敲’字，多了几分声响，读起来也响亮些。”贾岛连连点头称赞。“推敲”一词从此也就被人们用来表示反复琢磨的意思了。

70 为什么古人会以“士别三日”来形容进步之快？

三国时期的吕蒙是东吴的一名武将，没有什么学识。孙权劝导他说：“你现在是国家将领了，应当多读书来增长自己的见识。”吕蒙以军中事务繁忙为由推辞了。孙权说：“我的事务也很繁多，但是我经常读书，收获很大。你如此聪明，如果肯学习一定会有所收益。”于是，吕蒙开始努力学习。鲁肃刚开始见到吕蒙时，觉得他知识浅薄。后来，鲁肃再遇见他时，以为吕蒙仍然空有匹夫之勇，谁知在宴席上谈论军事问题时，吕蒙和从前完全不同，侃侃而谈，显得很有见识，鲁肃觉得很惊异，便笑着对他开玩笑说：“你现在这么有学识，既英勇，又有谋，再也不是吴下的阿蒙了。”吕蒙答道：“人分别后几天，就应该另眼看待！”后来的人便用“士别三日”这句话来称赞一个人进步很快了。

71 为什么包拯年少时就会学断案?

包拯又被人们称作包青天。青天表示朗朗乾坤，可以明察秋毫，洞察细微。包青天断案时执法如山，办案精明，为老百姓做了很多好事。他之所以善于断案，和他小时候生长的环境有一定的关系。他勤学好问，尤喜推理断案，他的父亲与知县交往密切，包拯从小耳濡目染，学会了不少断案知识，有时甚至还能协助知县缉拿凶手，为民除害。他努力学习律法、刑理知识，为日后断案如神、为民伸冤打下了深厚的知识基础。可以说，包拯能够在少年学会断案，一是与他所处的环境有关，受周围朋友和父辈的影响较大；二是因为其好学且善于推理，以上两点原因才造就了他的成功。

72 为什么倪宽会带经而锄?

倪宽不仅是一位著名的政治家，还是著名的经学家、天文学家和水利专家，他历官至御史大夫，为西汉时期三公之一。倪宽幼年丧父，家境贫寒，靠母亲给人做佣工维持生计。倪宽年少立志，企盼求学成才，终于在成年后，被地方官衙选拔推荐至京师太学府当了一名博士弟子，授学于名师孔安国。但倪宽出身贫家，不能像其他学友那样不愁学习期间的生活费用，为此，他经常要干些农活杂活，以贴补花销。倪宽外出干活，从不偷懒，更不忘辛勤读书，每每到田间劳作，总是不忘把经书带在身边。休息时，他又把经书从锄把上解下来，到田边地头找个清静的地方抓紧读书。他这种“带经而锄”的事迹在当地广为流传，成为佳话。

73 为什么元代画家王冕会在长明灯下苦读？

王冕是元朝著名的画家、诗人、篆刻家。他出身贫寒，幼年时替人放牛，但自幼好学，自学成才。七八岁时，父亲叫他在田埂上放牛，他却偷偷地跑进学堂听学生念书。听完以后，他总是默默地记住所学知识。傍晚回家，他把放牧的牛都忘记了。王冕的父亲为此大怒，打了王冕一顿。过后，他仍是这样。王冕的母亲劝说："这孩子对读书这样入迷，何不由着他呢？"王冕从此以后就离开家，寄住在寺庙里。一到夜里，他就悄悄踏入佛堂，坐在佛像的膝盖上，手里拿着书就着佛像前长明灯的灯光诵读，书声琅琅一直读到天亮。殿中有许多泥塑面目狰狞凶恶，令人害怕。王冕虽是小孩子，却神色安然，好像没有看见似的。凭着这种勤学好学的精神，王冕终于成了一代名士。

74 为什么东晋大书法家王羲之的洗笔砚处被称为“墨池”？

王羲之是东晋时期的书法家，有“书圣”之称。其代表作《兰亭序》被誉为“天下第一行书”。在书法史上，他与其子王献之合称为“二王”。王羲之从小练字，七岁的时候，已经写得很不错了。但是，王羲之并不满足已有的进步，继续天天苦练。有一次，他看见东汉书法家张芝的书迹，爱不释手，自叹不如。张芝的草书写得好，人们称他为“草圣”。王羲之不仅爱慕他的字，更钦佩他“临池学书，池水尽黑”的苦练书法的顽强精神。在给朋友的一封信里，王羲之写道：“张芝就着池塘的水练书法，连池水都变黑了，如果人们也下这么深的功夫去练习，未必会赶不上张芝。”从此，王羲之每天挥笔疾书，写完字后就到家门口的水池去涮笔。久而久之，池水都被染黑了，人们便把这个水池称作“墨池”。

75 为什么董仲舒会垂帷闭户？

书帷就是书房的帘子，垂帷闭户就是指放下室内悬挂的帘子，关起门来，不见客人，也不出去看外面的景色。垂帷闭户是用来形容一个人专心读书或写作的状态。董仲舒是汉代的儒学大师、思想家、政治家、教育家、哲学家和经学大师。三十岁的时候，他招收了一大批的学生，精心讲授经文。他讲学的时候，会在课堂上挂上一副帷幔，他在帷幔里面讲，学生在帷幔外面听。这样，很多人跟他学了很多年，甚至没有跟老师见过一面。他一门心思地教学和研究，甚至三年都没回家看一下。他的行为举止，都很遵循礼节，很多读书人都视他为自己的老师。正是这种专心致志、孜孜不倦的治学态度，使他成为了我国历史上著名的思想家、政治家、教育家和经学大师。

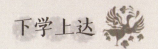

76 为什么 陆羽能弃佛从文，写出《茶经》？

陆羽是唐代的茶学家，被誉为“茶仙”。传说陆羽从小是个孤儿，被禅师抚养长大。他虽身在庙中，却不愿终日诵经念佛，而喜欢吟读诗书。他下山求学，却遭到了禅师的反对。禅师为了给陆羽出难题留住他，便叫他学习冲茶。在钻研茶艺的过程中，陆羽碰到了一位好心的老婆婆，不仅从她那儿学会了复杂的冲茶技巧，更学会了不少读书和做人的道理。后来，当陆羽将一杯热气腾腾的苦丁茶端到禅师面前时，禅师终于答应了他下山读书的请求。陆羽与其他士人一样，悉心钻研传统文化中的中国儒家学说，对此深有造诣。但他又不像一般文人被儒家学说所拘泥，而是能入乎其中，出乎其外，把深刻的学术原理溶于茶这种物质载体之中，从而为我国茶文化发展做出了极大的贡献。后来，陆羽撰写了广为流传的《茶经》，把祖国的茶艺文化发扬光大。

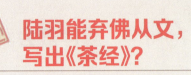

77 为什么司马光修《资治通鉴》时首先推选的是刘恕？

刘恕是《资治通鉴》的副主编之一，擅长研究史学。当时史书非科举所急，学者大多不读。唯独刘恕笃好史学，并对上下几千年间的史事，不论巨细，了如指掌。时人张耒评价他说：“其学自书契以来……广至于郡国山河之名物，详至于岁月日时之先后，问焉必知，考焉必信，疑焉必决。其言滔滔汩汩，如道其里闾室堂事。”这样博闻强识的人才是非常难得的。所以司马光对刘恕这个晚辈推崇备至，司马光曾对英宗说：“馆阁文学之士诚多，至于专精史学，臣得而知者，惟刘恕耳。”可见司马光将刘恕视为精于史学的学者，于是在编修《资治通鉴》时，首推刘恕。刘恕不计个人得失，把毕生的精力都献给了史学，献给了《资治通鉴》。

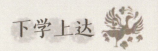

78 为什么古人说“先正衣冠，后明事理”？

古人云：“礼仪之始，在于正容体，齐颜色，顺辞令。”人之所以称其为人，在于人有礼仪。那么礼仪应该从哪里做起呢？应从举止得体、态度端庄、言谈恭顺做起。举止得体，态度端庄，言谈恭顺，然后礼仪才算完备了。以此来使君臣各安其位、父子相亲、长幼和睦。如此一来，礼仪才算确立。仪容仪表便是礼仪的基础。学童入学典礼，在古代叫“入泮仪式”，“入泮仪式”的第一步，便是“正衣冠”。在这个环节里，学童们一一站立，由先生依次为学童们整理好衣冠。古人认为衣冠不仅仅只是意味着遮羞，更能反映人的整体精神面貌，是追忆先祖优秀品德的最好载体，正衣冠也是让孩子们知书明理的第一步。这就是古人说“先正衣冠，后明事理”的原因。

79 为什么古人说“欲速则不达”?

子夏是孔子的学生。有一年，子夏被派到山东去做地方官。临走之前，他专门去拜望老师，向孔子请教说：“请问，怎样才能治理好一个地方呢?”孔子十分热情地对子夏说：“治理地方，是一件十分复杂的事。可是，只要抓住了根本，也就很简单了。”孔子向子夏交代了应注意的一些事后，又再三嘱咐说：“无欲速，无见小利。欲速，则不达；见小利，则大事不成。”这段话的意思是：做事不要单纯追求速度，不要贪图小利。单纯追求速度，不讲效果，反而达不到目的；只顾眼前小利，不讲长远利益，那就什么大事也做不成。子夏表示一定要按照老师的教导去做，就告别孔子上任去了。后来，“欲速则不达”作为谚语流传下来，经常被人们用来说明过于性急图快，反而适得其反，不能达到目的。

80 为什么会有“万般皆下品，唯有读书高”的说法？

“万般皆下品，唯有读书高。”出自北宋年间著名学者汪洙的《神童诗》。一方面，在古代，“学而优则仕”，进入仕途，谋得一官半职，才算高人一等。为做官而“读书”不是我们普通意义上说的读书，而是通过读书考取功名，进而达到“做官”的目的。另一方面，中国人以道德为标准对人加以品评，称为“人品”。那些只为自己温饱打算或终生陷在富贵尘网中的人，中国人称之为“小人”；那些能为他人着想，考虑到人类整体利益的人，中国人称之为“圣贤”“大人”或“君子”。尚君子鄙小人，是中国文化的一贯传统。时至今日，那些博览群书、博学多识的人总是令人羡慕和敬仰的。人们总觉得书读得多了，气质自然也清新脱俗。读书不仅可以修身养性、陶冶情操，更可以开阔视野，因此备受推崇。

81 为什么 古时候的童子会学习“扫洒应对”？

“洒扫应对”是古人的教育方式，包括生活的教育、人格的教育，是中国文化三千年来一贯的传统。明代朱熹曾说过：“小学是教以事，大学是教以礼。”意思是说孩子还小的时候要教他洒水扫地和待人接物这些事情，长大了再教他为什么要那样做的道理。古人为什么会选择这样的教育方式呢？依照古礼——也可以说是古代的文化制度，童子六岁入小学，先从“洒扫应对”开始学习。也就是先从洒水、扫地这样的劳动教育入手，以养成他们清洁整齐的好习惯；然后施以待人接物的礼貌教育，这便是“应对”的内涵。这种教育精神，注重的是人格的培养和礼仪的规范，并非先以知识的灌输为教育的前提。所以，古礼六岁入小学，要先从“洒扫应对”开始学习，这也是在学做人的基础。

82 为什么古代教学注重背诵？

背诵一直是中国传统教育的一种基本教育方法。两三千年以前，有文字但没有纸张和笔的时代，古人将文字雕刻在甲骨上，后来又发展到雕刻在竹简上面，然后把一片片竹简打洞用牛皮筋穿起来，但用这样的方式认字很困难，也不利于传播，所以古人每读一篇书都要背诵。古人对书籍非常重视，他们积攒一生的经验，参悟一生的道理，或许最终只依靠写一卷书，或几百字、上千字的方式记下来，因此书中内容非常珍贵难得。把这些内容传授给学生叫传经，传了要抄写、要背诵。对于一些经典，古人会天天背、常常背、反复背，在不停地背诵和思考中，古人对知识文化的体会也会越来越深入，越来越明白，所以古人非常注重背诵。

83 为什么古代老师会实行有教无类的原则？

在教育对象的问题上，孔子明确提出了“有教无类”的这一思想主张。“有教无类”就是教育面前人人平等，每个人都有接受教育的权利，教育没有高下贵贱之分的意思。也就是说不分贵族与平民，只要有心向学，都可以入学受教。孔子“有教无类”思想的理论基础是其“性相近也，习相远也”的人性论。“性相近”说明了人皆有成才成德的可能性，而“习相远”又说明了实施教育的重要性。正是基于对“人皆可以通过教育成才成德”的认识，孔子才做出了“有教无类”的决断。“有教无类”思想的实施，扩大了教育的社会基础和人才来源，对于全体社会成员素质的提高无疑起到了积极的推动作用。而孔子的思想也深刻影响了后世，所以古代老师会坚持“有教无类”的原则。

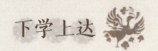

84 为什么在孔子以前会出现“学在官府”的现象？

商周时期，生产力水平有限，书册的制作过程极为繁琐，而且成本也十分高，只有官府才具有制作书册的财力和人力。朝廷为了政治需要，把历代帝王的有关记录、本朝的礼制法规以及收集的乐章，加以记载，制成书册。这些书册没有副本在民间流传，而是由官府保管。当时，礼、乐、舞、射都是重要的学科。学习这些学科，不仅要靠口耳相传，还要有器物设备，才有条件进行实际演习。这些器物设备，民间是不具备的，所以要学习礼乐舞射，只有去官府才具备条件。在宗法制条件下，子继父业，家业代代相传。由于学术官守，为官之人学有专守，不传他人，只教其子，造成了学术的垄断，尤其是专门的学术，只是在极小的圈子里传授。所以孔子以前会出现“学在官府”的现象。

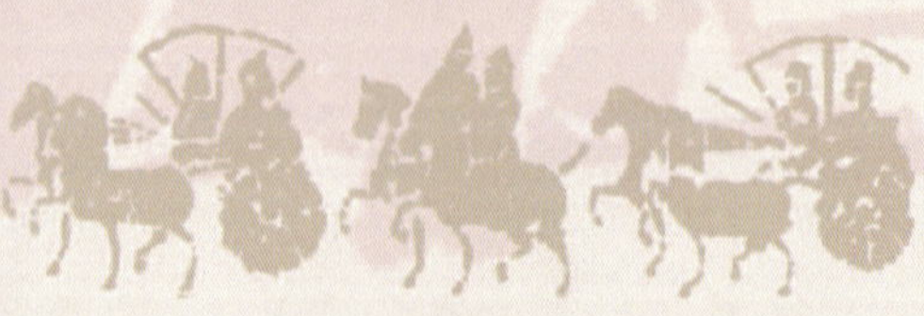

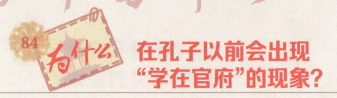

85 为什么说“以史为镜，可以正衣冠”？

直言敢谏的魏徵病死后，唐太宗很难过，说：“一个人用铜制成镜子，可以照见衣帽是不是穿戴得端正；用历史当镜子，可以知道国家兴亡的原因；用人当镜子，可以发现自己的对错。魏徵一死，我就少了一面好镜子啊。”一个国家要想发展得好，必须学会借鉴前人的知识与前朝的历史，明白什么可以做，什么不可以做，取其精华，弃其糟粕，要以历史的眼光看出当下出现的问题和应该如何去解决问题。只有借鉴历史知识，一个国家才能更好地发展下去。同理，以人为鉴也有助于自身的发展，从中可以看出自己的缺点和优点，哪些地方做得好，哪些地方还需要改进。无论是人还是国家，都需要一面“镜子”来观察自己，反省自己，改变自己，发展自己，寻找适合自己的道路并坚持不懈地走下去，才能不断地完善自我。

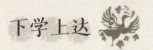

86 为什么明朝规定科举考试必考八股文？

八股文这种文体是呼应科举考试的需要而产生的，有严格的固定格式，也就有了相对统一的评判标准，阅卷的考官也能相对公平、公正地给试卷打分。只要考生的八股文在各方面都符合了规范，考官就不能因个人喜好而将其淘汰，这样也相对减少了舞弊的情况。另外八股文考试的内容均出自于四书五经，而不论读书人出身是贵是贱，四书五经都是他们自启蒙识字到开笔作文期间主要的学习内容。八股文就是在这样的背景下应运而生的。这样就给了天下学子一个相对一致的学习范围。最后八股中所谓的“八股”，就是四组特殊的对仗文字，考生须具备复杂而严密的逻辑思维能力方可完成。为了能写好八股，必须熟悉四书五经，还要经过长期的写作训练，这也是对学子学习能力的一种考察。所以明朝科举考试选择了“八股文”的形式。

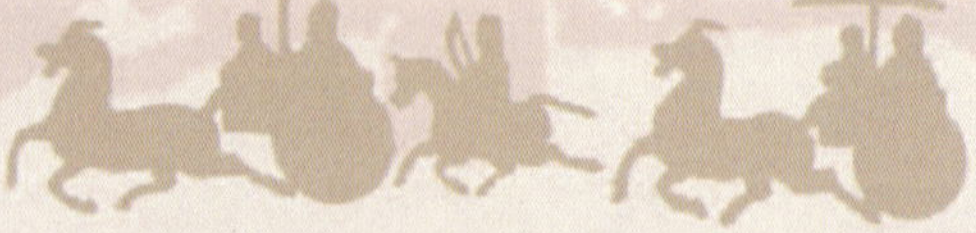

87 为什么书院会成为中国古代民间的教育机构？

书院，是唐宋至明清东亚古代教育制度有别于官学的另一种独立的教育系统下，出现的一种独立的教育机构，是私人或官府所设的聚徒讲授、研究学问的场所。唐末至五代期间，战乱频繁，官学衰败，许多读书人避居山林，遂模仿佛教禅林讲经制度创立书院，形成了中国封建社会特有的教育组织形式。书院是实施藏书、教学与研究三结合的高等教育机构。书院制度萌芽于唐，完备于宋，废止于清，前后共有千余年的历史，对中国封建社会教育与文化的发展产生了重要的影响。中国著名的四大书院是：河南商丘的应天书院、湖南长沙的岳麓书院、江西庐山的白鹿洞书院、河南郑州的嵩阳书院。

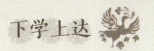

88 为什么说城门失火会殃及池鱼？

城门失火，大家都会到护城河取水灭火，水用完了，河中的鱼也死了，比喻无辜被连累而遭受灾祸。这个成语典故很有趣，把两件原本看起来不相干的事物联系在了一起：古时候有座城市，城门楼起了大火，不远处池里的鱼儿们张望着相互询问出什么事了，当它们听说是城门着火了，都担心道：“能救救就好了。”谁知一条鱼却冷嘲热讽道：“关你们什么事？多管闲事。咱们看热闹吧，咱们在水里，火又烧不到咱们。”大家都责备它：“你怎么能这样幸灾乐祸呢？”它却不以为然：“那有什么的？”话音未落，一群军兵来取水

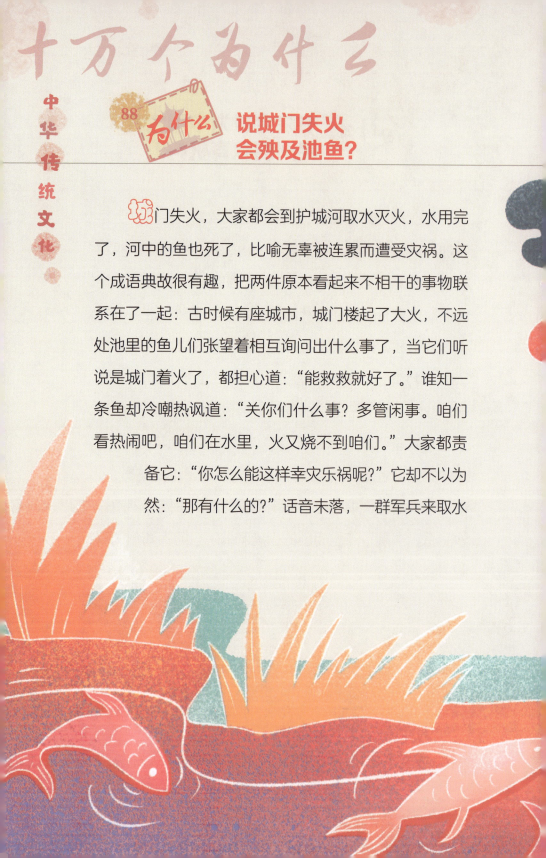

灭火，结果把水都快提光了，只剩下少许又浑又脏的水，令鱼儿们苦不堪言。古人借这个故事说明任何事物都不是孤立存在的，都与周围其他事物处于相互联系之中。

89 为什么历代的书院讲学者被称为“山长”？

“山长”是历代对山中书院的主讲教师的称谓，其出处源于《荆相近事》。五代十国时期，蒋维东隐居衡山讲学，受业者众多，蒋维东被尊称为“山长”。古代书院多建在环境优美、景色宜人的山上，很多还与道观、寺庙为邻，“山长”这一尊称便被后人沿用下来。元代时，各路、州、府都曾建有书院，设山长。明清沿袭元制，乾隆时期曾一度改称为院长，清末仍叫山长。废除科举之后，书院改称学校，山长的称呼被废止。书院实行“山长负责制”，山长相当于如今的大学校长，虽然没有行政级别，但却有绝对的权力和权威，既是书院的最高行政领导，也是首席教学主管。山长始终把教学放在第一位，并参与教学工作。如程颢、程颐、司马光、范仲淹、朱熹、张栻等名儒，在主持书院日常教学工作时都亲自进课堂授课。

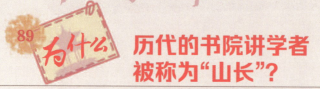

90 为什么古人很重视对学生日常生活的稽考？

古人认为对学生行为规范的培养也是教育的重要内容，所以古代学校对学生的行为管理相对严格，家长也大多认同“不打不成器”的教育理念。倘若学习不认真或学得不好，被打板子、抽鞭子、罚跪等如同家常便饭。体罚其实只是古人规范学生行为的方法之一，古人同时还会采取多种手段教育孩子，比如很注重对学生日常行为的稽考，以约束学生的行为。明代有的小学设立“扬善簿”“改过簿”“记过格”等，有关学生的行为无论好坏均记录在案，作为学生升学录取时的参考。这种“功过簿”并非一定由老师填写，如明代儒学家刘宗周，其开办的家塾的修业课程中，要求学生早上起来第一件事就是填“记过格”，上面列出数百种日常行为，有“微过”“隐过”“显过”“大过”“丛过”“成过”等六项评语，让学生自己评价昨日表现。

91 为什么 古人入学时需要实行“入学礼”？

古人入学时的“入学礼”远比现在要隆重得多，它是古人人生中的一件大事，与成人礼、婚礼、葬礼一起被视为人生的四大礼之一。古代的儿童一般四至七岁时入私塾读书，称之为“开书”“破学”或“破蒙”，根据《礼记》和《弟子规》记载而流传下来的“开学仪式”则历经千年未改。通常的“开学仪式”包括正衣冠、行拜师礼、净手净心、朱砂开智等内容。古人的“入学礼”，与现在的军训、演讲不同，更注重以礼入心，培养孩子的恭敬心、真诚心及高远的志向。古代繁复、隆重的入学仪式，代表着一种厚重的历史感和仪式感，目的是教导每个学生都要尊重知识、尊敬师长，这也是每个学子都应该知道的开学第一课！

所以古人入学时需要而且十分重视“入学礼”。

92 为什么古人会写有关劝学的诗文？

古代有很多劝学的篇章。作者一是为了勉励自己珍惜时间学习，同时也是为了激励其他人好好读书。唐代颜真卿在《劝学》里就写过：“三更灯火五更鸡，正是男儿读书时。黑发不知勤学早，白首方悔读书迟。”战国时期的思想家荀子创作了一篇论说文，是《荀子》一书的首篇。文章论述了学习的理论和方法，分别从学习的重要性、学习的态度以及学习的内容和方法等方面，全面而深刻地论述了有关学习的问题，告诉我们学习应当善始善终。虽然现在时代变了，学习的条件和环境改变了，但是劝学的诗文到现在仍然具有勉励作用。

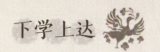

93 为什么古人要学礼？

“人无礼则不立、事无礼则不成，国无礼则不宁。”上面一段话出自《荀子·修身》，很好地解释了为什么古人十分重视礼仪的学习：不学会礼仪礼貌，就难以有立身之处，人不守礼就没法生存，做事没有礼就不能成功，国家没有礼则不安宁。从汉代开始到清朝末年，中国一直以礼来治天下，因而也被称为“华夏之族，礼仪之邦”。无论是讨论如何维护社会正常秩序，还是判断是非善恶，中国人都把礼法作为标准。在日常生活中，礼是修己、待人、接物的根本原则，它存在于人的意志思想、饮食服饰、容貌态度、进退趋行等事务中，反映了人们的价值取向、行为方式和生活态度。所以人们在日常生活中，都必须遵从礼的规范。如果不能以礼为先，是不可能使人民富裕、国家昌盛的。修身、齐家、治国都不能缺少“礼”，所以古人重视“礼”，重视对“礼”的学习。

94 为什么古人提倡尊师重道？

尊师重道是中华民族的传统美德，从古至今，代代相传。它从另一个侧面体现了传统文化的智慧。尊师重道是指尊敬师长，重视教育事业。国家要兴盛，一定要重视文化教育，重视老师，古语中也有“一日为师，终身为父”的说法，可见古人对教师的尊重程度可以和尊重自己的父亲一般相提并论了。尤其科举制普及之后，一般百姓想要通过科举改变命运，其引路人就是教师，这无疑为教师获得尊重确立了制度保证。从古代流传下来的许多“尊师”的故事就可以看出这一点。“道”是最高的学问，古代所有学派都把“道”作为学问最终的追求目标。因此古人提倡尊师重道。

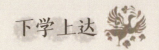

95 为什么说“不积跬步，无以至千里；不积小流，无以成江海”？

“不积跬步，无以至千里；不积小流，无以成江海”出自荀子《劝学篇》，意思是没有一步半步的累计，就没有办法到达千里的地方；没有涓涓细流的汇聚，就无法形成江河大海。这句话用来说明积累的作用，做事情只有点滴积累，才能达成目标从而充实、丰富、完善自己。古人通过这句话告诉我们，在现实生活中做事要脚踏实地，不畏艰难，不怕曲折，要持之以恒，不要中途放弃，只有坚韧不拔地干下去，才能最终达到目的。我们在做事的时候要深刻理解“不积跬步，无以至千里；不积小流，无以成江海”的内涵，不怕苦不怕累，一步一个脚印，踏踏实实地迈向自己人生梦想的殿堂，切不可眼高手低。只有脚踏实地靠自己的努力才是硬道理，才是人生成功的关键。

96 为什么 古人说"不读《易》，不可为将相"？

《易经》是中华文明的重要源头，具有很重要的地位。无论是儒家还是道家，都把《易经》视为经典之首。《易经》对中国的哲学、史学、文学、艺术、伦理、宗教以及天文、数学、医学等学科的发展产生了重大影响。它产生的年代久远，甚至可以追溯到春秋战国以前，是以诸子百家学说为代表的中华传统文化的源头活水，中国传统文化的诸多方面都受到它的影响而与之交融会通，各种学术思想不同程度地受到易学的启迪甚至以其为理论基础。在中国历史上有许多著名的易学家，他们同时也是政治家，如唐朝的虞世南，宋朝的司马光、王安石等。唐朝宰相虞世南就说过："不读《易经》不可为将相。"意思是说不学《易经》的人，不能当一个好宰相，也不能做一个好将军。

97 为什么说“他山之石，可以攻玉”？

“他山之石，可以攻玉”出自《诗经·小雅·鹤鸣》。攻是琢磨的意思，说的是别的山上的石头，可以用来琢磨玉器。原指一国的人才，也可以为另一国所用。后来比喻借他人的批评帮助来改正自己的过错，或者比喻拿别人的情况作为借鉴。从读书做学问这方面来讲，学文科的，要读一些自然科学方面的书；学自然科学的，也要读些人文科学的书。我们要善于学习别人的长处和优点来弥补自己的缺点和不足，从而全面地提升和发展自己。

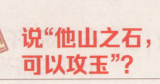

98 为什么范仲淹会断齑画粥？

范仲淹幼年时，由于家贫，没钱上学，只好跑到寺院中的一间僧房中去读书。他将自己关在屋内，足不出户，手不释卷。每天晚上，他用糙米煮好一盆稀饭，等第二天早晨凝成冻后，用刀划成四块，早上吃两块，晚上再吃两块，再切一些腌菜下饭。后来，范仲淹的一个同学看到他的生活如此艰苦仍好学不辍，就回家告诉了父亲。同学的父亲听说后，被范仲淹的精神感动了，吩咐儿子带了一些鱼肉给范仲淹。范仲淹推辞，那个同学以为范仲淹不好意思收下，于是放下东西就走了。过了几天，那个同学又来到范仲淹的住所，发现上次送来的食物已经变坏了。范仲淹解释说："我已经过惯了艰苦的生活，如果吃了这些美味佳肴，以后再过艰苦的生活就不习惯了，所以我就没吃。感谢你父亲的一片好意。"那个同学回家，将范仲淹的话如实告诉了他父亲。他父亲夸奖说："此人日后必定大有作为呀！"

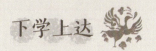

99 为什么古人重视师承关系？

师承关系就是师徒传授的关系，为了获得知识，一些年轻人主动追随一些年长者研习。这是中国传统伦常最重要的非血缘关系之一。承，在这里又意味着“相承”的含义，即徒弟继承了老师的知识、方法和想法，甚至是品德等，一个负责的老师不仅要教授知识，还必须帮学生养成好的品行。自古以来，在中国的文人圈子里，师承关系是至关重要的。古人求学不易，经常要跋涉千里，历经千难万险，才能得见名师，学到真本事。老师所教的学问，弟子不但学得刻苦，而且学成以后，终身奉行不辍，即便自立门户，也一样对老师高山仰止。中国自古就有名师出高徒一说，如孟子师承子思、宋玉师承屈原、李斯师承荀子、司马迁师承董仲舒、梁启超师承康有为等等，这些人都是中国历史上的璀璨明珠。

100 为什么古人提倡“教学相长”？

“教学相长”这一重要教育原则在我国很早就被提出来了，它源自《礼记》中的《学记》篇，原文如下：“虽有佳肴，弗食不知其旨也；虽有至道，弗学不知其善也。是故学然后知不足，教然后知困。知不足，然后能自反也。知困，然后能自强也。故曰：教学相长也。”这段话的意思是：即使有美味的菜肴，不吃就不会知道它的味道鲜美；即使有最好的道理，不学就不会知道它的高妙。因此，人要通过学习然后才知道自己有不足的地方，通过教别人然后才知道自己有困惑的地方。知道自己有不足的地方，然后才能够督促自己反省，进一步学习；知道自己有困惑不解的地方，然后才能够奋发进取。教学是教与学的交往互动，师生双方相互沟通，才能相互启发、共同提高。所以古人提倡“教学相长”。

101 为什么古人修身的目的是为了齐家、治国、平天下？

《礼记·大学》上记载："古之欲明明德于天下者，先治其国；欲治其国者，先齐其家；欲齐其家者，先修其身；欲修其身者，先正其心；欲正其心者，先诚其意；欲诚其意者，先致其知，致知在格物。物格而后知至，知至而后意诚，意诚而后心正，心正而后身修，身修而后家齐，家齐而后国治，国治而后天下平。"古人认为，要想修养品性，先要端正自己的思想；要端正自己的思想，先要使自己的意念真诚；要想使自己的意念真诚，先要使自己获得知识，获得知识的途径在于研究万事万物。通过对万事万物的研究，才能获得知识；获得知识后，意念才能真诚；意念真诚后，心思才能端正；心思端正后，才能修养品性；品性修养后，才能管理好家庭；家庭管理好了，才能治理好国家；治理好国家后，天下才能太平。

102 为什么孔子要坚持恢复“周礼”？

周礼就是西周的礼仪。孔子认为，西周初期确立的礼制，以及围绕礼制形成的一套社会关系最接近他认定的人与社会的理想状态。《论语·卫灵公》有这样一段对话：“颜渊问为邦。子曰：‘行夏之时，乘殷之辂，服周之冕，乐则《韶舞》。’”这是孔子对他自己理想的社会生活图景的一段著名的象征性描述。这段话都是用符号性和象征性的物，来代表一种设计理念。其中，“周之冕”代表周礼。周礼的特点在于它是一种在全国推行，以身份认定人的阶层、权利和责任，以身份象征德行的治理社会的等级制度。每个人都接受自己的身份，都按自己的身份做人做事，就是“君君，臣臣，父父，子子”。在这个过程中，仁爱、忠信、孝义，就成为整个社会的共识，只有这样，国家才能长治久安，百姓才会安居乐业。

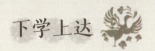

103 为什么古代会把“和”作为德行教化的重要内容？

在中国古代，生产力并不像现代这么发达，人们的生存比较艰难。古代的先人们认识到，有了充足的谷物粮食，才能具备“和”的条件。同时，先人们在农作实践中观察到，音乐的演奏需要人们之间互相配合，只有配合得比较默契，应和得当，音乐才好听。所以“和”字的产生，其最初的含义是与谷物和音乐有关的，也与当时人们的生存状况息息相关。随着社会发展，“和”的含义发展到社会关系和政治领域。古人将“和”看作人的重要德性之一，《易经》认为，“和”就是顺应于道德又符合公理。到后来，孔子创立儒家，“和”成为儒家处理人际关系的伦理准则，并有“君子和而不同，小人同而不和”的表述。可见，古人很早就明白，应当把“德”作为使国家政治稳定、使人民生活和谐的手段，必须把“和”作为德行教化的重要内容。

104 为什么《礼记》中有“乐以治心”的说法？

《礼记》传说为孔子的七十二弟子和他们的学生们所作，主要记载了夏、商、西周以及春秋、战国等历史阶段的礼制，体现了那个时期的儒家思想。“乐以治心”出自《礼记》，指乐具有提升人们内心的修养的教化作用。《礼记》中提到礼乐片刻都不能离开身心。详细审视乐的作用以加强内心修养，那么平易、正直、慈爱、诚信之心就会油然而生。具有平易、正直、慈爱和诚信之心，就会感到快乐，快乐就会安宁，安宁就能持久，持久则能成自然，自然就可达到神的境界。详尽地审视乐的作用是为了加强内心修养。同时，古人认为乐的社会功能也在于“治心”。“乐也者，圣人之所乐也：而可以善民心，其感人深，其移风易俗，故先王著其教焉”，这一观点肯定了音乐不仅能给人带来审美上的愉悦感，而且能在伦理上起到教化作用。

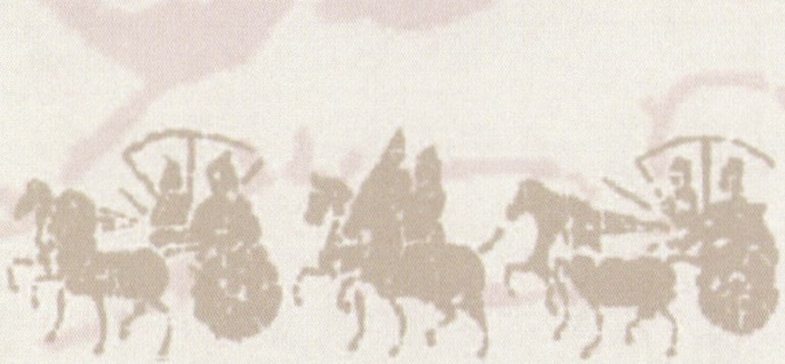

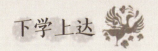

105 为什么说“三人行，必有我师焉”？

春秋时期，孔子经常周游列国。传说有一天，孔子带领弟子们路过一处地方，见到一个孩子在路中间用沙土建造了一座“城池”把自己围在里面。孔子好奇，于是问小孩：“你为什么在路中间玩耍，不躲开马车呢？”那孩子则伶俐地反问道：“从来只有马车躲避城池的，哪有人说城池要给马车让路的？”孔子被反问得不知言语，于是问其姓名，并俯身心服口服地说：“有志不在年高，达者为先，我应该拜你为师。”孔子觉得小孩年纪小小就有渊博的知识，能言善辩，连自己也要甘拜下风。后来，他对弟子们训诫说：“三人行必有我师矣，治学当不矜不傲，对自己不如的人应该不耻下问。”所以，《论语》中“三人行，必有我师焉”的意思是说，几个人一同走路，其中一定有可以当我老师的人。

106 为什么孔子被誉为“万世师表”?

孔子是儒家学派的创立者，勤奋不倦地学习是贯穿孔子一生的主题。正是通过刻苦地学习，孔子才掌握了渊博的知识，并授徒讲学。孔子早年奔波于列国，历尽艰难，晚年退而修书讲学，一生都不得志。但他不畏惧，不逃避，以一种达观的态度对待人生。孔子打破了贵族垄断文化教育的局面，开创了儒家私人讲学的风气，向民间普及教育，成为中国历史上第一个人格独立的教师和世界上最伟大的教育家之一，受到后世的尊敬。三国魏文帝封孔子后裔“宗圣”时，称孔子为“亿载之师表”，称赞孔子是千秋万代人师的表率。元朝至大元年，武宗在加封孔子“大成至圣文宣王”的诏书中称孔子“师表万世”。到清朝时，康熙皇帝为孔庙大成殿题匾“万世师表”。

107 为什么韩愈率先举起“道统”大旗？

韩愈是唐代杰出的文学家、思想家、哲学家、政治家。儒家的“仁义”是韩愈的道统说的核心，当时儒、佛、道三家都各有自己的“道”，但是韩愈认为只有儒家的仁义才是正统之说，于是他从国家和文化的起源发展等方面论述了儒家的“道”，力图证明儒家的“道”是人类文化的根本原则。“道统”指的是儒家传道的脉络和系统。韩愈认为儒者之“道”从仁义之中生出来，能“治心”的人必定能够治国，而佛老之道不能够治理天下。所以他认为儒家应以是否维护封建伦常去划清正宗和异端的界限，使儒家的道与其他派别的道区分开来，而且还能使儒家的道落到实处。

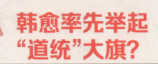

108 为什么唐伯虎在绘画上建树颇丰？

唐伯虎的名字叫唐寅，伯虎是他的字，他是我国明代著名的画家。民间有很多关于唐伯虎的传说，最为人熟悉的《唐伯虎点秋香》，曾多次被改编成戏剧和影视剧宣传，丰富了唐伯虎在民间的形象。他从小就不重视功名，只是在好友的劝说下，才去参加乡试，一考就中了第一名。但后来受了考场舞弊案的连累，他蒙屈受冤，坐了监牢，这样的奇耻大辱对唐伯虎来说是无情的打击。出狱后，唐伯虎厌弃功名，回到乡间，精心研究诗、书、画，在艺术上取得了极高的成就。他画的仕女图最出色，深受人们喜爱。因此，富于想象的人便为他编出了许多个美好的爱情故事，如《唐伯虎点秋香》就广为流传。而仕女图也成为我国传统绘画中一个重要的类别。

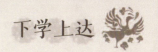

109 为什么古代童子学习时须明句读？

在唐朝有个员外天性吝啬。有一天，他请了一位新管家，并写下一条规定，限制每日的伙食。他自认为规定如下："无鸡鸭也可以，无鱼肉也可以；青菜万万不可少，酒也不可。"但是员外立下这条规定时，条文中并没有标点符号。第二天，管家就备了满满一桌的鸡鸭鱼肉。员外大怒，把立的条文拿出来正要发作，只见管家立即拿笔不慌不忙点出断句："无鸡，鸭也可以；无鱼，肉也可以；青菜万万不可，少酒也不可。"这下子，员外哑口无言了。原来，我国古代的书籍都是不写标点符号的，文章的句与句之间没有间隔。所以古代的教书先生不但要教孩子们认字，还要教孩子们应该在哪里停顿，在哪里断句，并向孩子们传授其中的规律。标点和断句方法不对，同一句话所表现出来的意思可能是完全不一样的，所以标点符号不能乱用。

110 为什么唐汝洵会结绳记事？

唐汝洵是明朝人。他自幼很聪明好学。不幸的是，五岁时得的天花使唐汝洵的眼睛再也看不见外面的世界了。他痛苦极了。但随着年龄的增长，他逐渐平复了心情，并且开始积极地面对生活。哥哥们上课的时候，唐汝洵便在一旁仔细地听，用心地记。在学习过程中，因为他看不见，所以遇到困难时常常要付出比别人更多的努力。有时候课文很长，他为了记住先生讲的内容，就学古人用结绳记事的办法，在绳子上打上不同的结，代表着不同的句子。后来，唐汝洵还喜欢上了诗歌，因为诗歌中所描绘的意境，他用心就能体味到。唐汝洵就用这样的办法，做了一千多首诗，终于成为了明朝著名的学者和诗人。

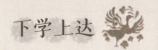

111 为什么 欧阳修会用荻草秆在地上写字?

欧阳修是北宋时期杰出的文学家和史学家。他出身于封建仕宦家庭，父亲生前曾在道州、泰州做过管理行政事务和司法的小官。父亲关心民间疾苦，正直廉洁，为百姓所爱戴。不幸的是，在欧阳修出生后的第四年，父亲就离开了人世，于是家中生活的重担全部落在欧阳修的母亲郑氏身上。眼看欧阳修就到上学的年龄了，郑氏一心想让儿子读书，可是家里穷，买不起纸笔。有一次她看到池塘边长着荻草，突发奇想：用这些荻草秆在地上写字不是也很好吗？于是她用荻草秆当笔，铺沙当纸，开始教欧阳修练字。欧阳修在母亲的教导下，在地上一笔一画地练习写字，一丝不苟、反反复复地练，错了再写，直到写对、写工整为止。这就是被后人传为佳话的“画荻教子”。

112 为什么陶侃每天循环往复地搬砖？

东晋时期，有一位著名的将军叫陶侃。陶侃将军在平定了苏竣之乱以后，因功封了大官，过起了和文官一样安逸的生活。日子一久，陶侃觉得不能像这样养尊处优，把本领都荒废了。于是他开始每天做两次自己设计的独特运动：早晨把一百块砖从屋内搬到院子里，晚上又把一百块砖搬回屋内。陶侃这样坚持不懈地每天完成两遍的动作，邻居看在眼里，觉得他好像在做无用功。于是有人好奇地问他为何要这样辛苦地搬砖。陶侃说："我自在中原打完仗后就过着优逸的生活，不坚持搬砖的话，以后再要打仗恐怕就很难胜任了。"

陶侃的故事告诉我们，一个人要胸有大志，珍惜时间，严格要求自己，才能有所作为。每个人心中都有很多愿望，但是，美好的愿望不是想想就能实现的，更需要为之持之以恒奋斗的精神。

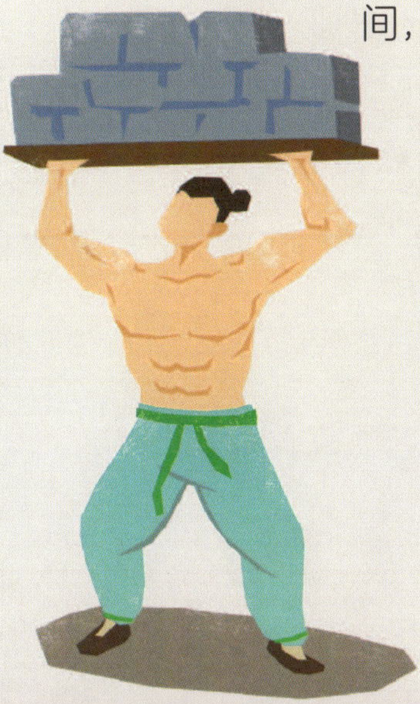

113 为什么古人重视家训?

远古时代，人类社会的组织形式先后经历了由氏族、家族乃至家庭的变迁，在此基础上又出现了国家。家训之所以为世人所重，是因为其往往都以推崇忠孝节义、教导礼仪廉耻为主旨。家族为了维持必要的秩序，就须拟定一些行为规范来约束家族中人，这便是家法家训的最早起源。因此，即使在国家不安定和国法不明确之际，家训仍可以发挥稳定社会秩序的作用。自汉初起，家训著作逐渐丰富多彩。许多家训中也记录了治家教子的名言警句，成为人们倾心企慕的治家良策，被奉为“修身”“齐家”的典范。例如“一粥一饭，当思来之不易”的节俭持家思想，今天看来仍有积极意义。其中，最为人称道的名训，有《颜氏家训》《朱子家训》等，至今脍炙人口。

114 为什么古人把德育放在学习的第一位？

两千多年前西周的《礼记》上就有着有关“乡三物”的记载，即用“德、行、艺教育万民”，其中把德育放在首位。著名教育家、思想家孔子在教育弟子时也始终把德育放在首位。孔子说：“君子谋道不谋食，君子忧道不忧贫”“笃信好学，守死善道”“朝闻道，夕死可矣”。他在实践上也把德育放在首位。孔子的教学内容称为“六艺”，即礼、乐、射、御、书、数。其中的礼和乐，实际上就是德育。孔子的教育目标是“孝、悌、忠、信”，实际上也是思想道德方面的要求。人才并不难得，难得的是德才兼备。古人把德育放在首位，有了这个基础后，才要求孩子学习文化知识。所谓“德才兼备”，而不是“才德兼备”，即先有“德”，再去具备“才”。如果没受过德育教育，长大后虽有一点学问，可是道德修养却很差劲，仍然会处处碰壁。

115 为什么西周实行官师一体的原则?

姬发（武王）经过牧野之战，灭商建立了周朝，史称西周。虽然西周的文明程度高于夏商二代，但毕竟仍然处于文明社会的早期阶段，有文化的官员少，学校教育得不到普及。为了使民众掌握一定的劳动技能，懂得合理利用自然资源，具有道德和法治意识，西周统治者很重视民众教育。除了学校教育外，周王朝的各级官员都行使一定的教育职责。比如大司徒是西周时期主管国家财政收入的最高官职，更是推行民众教育的直接实施者，推行官师一体、政教合一的教育措施。教育的内容主要包括提高人民农业生产的技艺，让人民懂得开发利用自然资源，并对全体民众进行道德和法制教育。这些措施促进了教育的广泛普及程度，一定程度上提高了西周人民的生产力。

116 为什么古代社会开设私塾的现象十分普遍？

私塾教育是传统教育的重要组成部分。私塾有多种：有老师自己办的教馆、学馆、村校；有地主、商人设立的家塾；还有用祠堂、庙宇的地租收入或私人捐款兴办的义塾。私塾教学没有固定的教材和学习年限，教学时间短的称为“短学”，一般时限在一至三个月不等，家长对这种私塾要求不高，只求学生日后能识字、记账、写对联即可。“长学”一般持续一年或数年，学生学习的内容也更多。私塾的教育阶段有以下几个：一是启蒙教育阶段，即识字教育，约一至二年；二是读书教育阶段，约三至五年；三是开讲、开笔作文教育阶段，约五至八年；四是八股文完篇、练习揣摩、预备参加科举考试阶段，约八至十年；五是温习阶段，不断练习作八股文，争取在未来的科考中有所斩获。

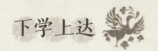

117 为什么诸葛亮给儿子诸葛瞻写下《诫子书》？

《诫子书》是三国时期著名政治家诸葛亮在五十四岁临终前写给八岁儿子诸葛瞻的一封家书，是后世历代修身立志的学子推崇备至的名篇。它可以看作是诸葛亮对自己一生的总结。我们熟知的“非澹泊无以明志，非宁静无以致远”“夫君子之行，静以修身，俭以养德”等名句都出自这篇《诫子书》。诸葛亮是一位品格高洁、才学渊博的父亲，对儿子的谆谆教诲与无限期望尽在文中。不仅他的子孙从中获益颇多，就是今人读来也大有可借鉴之处。

文中告诫其子：品德高尚的人应该恬静以加强自身的修养，俭朴以培育良好的品德。不把名利看轻，就不会有明确的志向；没有宁静的心境，就不能实现远大的理想。学习必须心静，必须通过学习培养才干；不学习就无法增长才干，不立志也不能学有所成。轻浮怠惰就不能精研学问，偏激浮躁就不能陶冶情操。

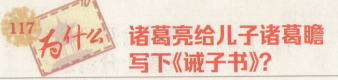

118 为什么 颜之推主张“学贵能行”？

古代的文学家、教育家颜之推年少时因不喜虚谈而回家自己研习《仪礼》《左传》。由于博览群书，他写的文章辞情并茂，得到朝廷赏识，十九岁便被任官。当时文人多是趋末弃本，将知识和行动割裂。颜之推认为为学的目的在于将知识应用于有益身心和有益社会的具体实践中，这样才能培养真才实学。为学如果长期脱离实际，就会使人变得迂腐无能。可是当时有许多道学家们放着这些实实在在的事不做，而是越来越脱离实际。颜之推写成《颜氏家训》，这部书是中华民族历史上第一部内容丰富、体系宏大的家训，是颜之推留给后世子孙的精神财富，享有“古今家训，以此为祖”的美誉，同时它也是主张教育改革趋向实学的典范之作。

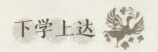

119 为什么苏洵能老有所成?

苏洵是北宋年间的“三苏”之一。所谓“三苏”指的是苏洵和他的儿子苏轼、苏辙。与自己的儿子苏轼和苏辙相比，苏洵算是大器晚成的人，他科举及第的时间与自己的儿子们相差无几。他年少之时就对读书不感兴趣，反而向往四处游历浪荡的游侠生活。年长之后，苏洵进入学校学习，又仗着自己的聪明才智，认为自己始终高人一等，读书根本不是什么难事，因此不专心学习。直到苏洵第一次参加乡试，惨淡落榜时，才发现当初他看不上的人却榜上有名。苏洵犹如当头遭到棒喝，回到家中翻开自己曾经所作的文章，觉得自己以往所学如同没有学，于是将这些文章全部焚毁，从此励志读书。他把《史记》《汉书》，以及更早的《左传》《国语》《战国策》等都列在床前案头，手不释卷，渐渐沉浸其中，这才有了后来的成就。

120 为什么唐太宗在位时选择以文治国?

贞观初年，唐太宗同大臣们讨论治理国家的方针国策。大臣中一派的意见是：打天下靠武力，治天下也要靠武力；另一派则认为：马上得天下，但不能马上治之，要偃武修文，实行文治。经过众臣的讨论，唐太宗最后得出结论说：“戡乱以武，守成以文，文武之用，各随其时。”当时，统一天下的战争已取得决定性的胜利，唐太宗认为“海内浸平”，于是开始由崇尚军事转向以文治国。他还认为，要实行文治，首先要提高统治者的文化素养；其次，还要用儒家思想对人民实行教化，这样才能保证社会的安定。唐太宗即位后，马上设立了弘文馆，选拔天下精通儒学的学者入馆，并经常与馆里的学者讨论治国之道。唐太宗还大量征集天下有学问的儒生为学官，并给他们很高的待遇。这一方针，为日后唐王朝的日益强大奠定了政策上的基础。

121 为什么包拯晚年制定了“犯赃滥者，不得放归本家”的家训？

我们都听说过历史上办案无私的包青天，其实包青天的原名叫包拯，是北宋著名的政治家。他19岁中进士，曾先后在多地任官。包拯性格严肃正直，为人敦厚，一贯以忠恕宽厚之道待人，而对那些贪官污吏、奸邪之徒他又能做到严惩不贷、执法不阿。他不轻易跟别人相交，不用甜言蜜语来讨别人喜欢。包拯曾任端州（今广东肇庆）的知州。端州出产一种有名的砚台，叫端砚，每年都要向朝廷进贡。端砚的产量虽多，但由于当地官吏和豪绅等层层加码克扣，百姓不荷重负，苦不堪言。包拯下令，豪强官吏不得贪污，只能按规定数量来采买。而他自己直到离开端州，也不曾要过一方端砚。包拯制定了“犯赃滥者，不得放归本家”的家训，意思是告诫后代子孙做官不得贪污财物，否则就不得归入家族子孙的行列。

122 为什么 欧阳修以“玉”喻“人”？

从古至今，凡是胸怀大志的人都很注重知识的积累。尤其是在当今这个飞速发展的时代，谁学得越多，就越能在激烈的竞争中站稳脚跟。宋代欧阳修的文章《诲学说》拓展了这句话的含义，说：“玉不琢，不成器；人不学，不知道。然玉之为物，有不变之常德，虽不琢以为器，而犹不害为玉也。人之性，因物则迁，不学，则舍君子而为小人，可不念哉？”玉石是天然生成的，但要成为有用的东西，还得要经过打磨加工。欧阳修用这个道理来说明学习的重要性。人也是这样，学习就会变成君子，人不学，不知“道”，就有可能会变成小人。可见，人要通过后天的教育培养以挖掘先天隐藏的潜能。这也就是欧阳修所说的“玉石不经过精雕细琢，就不能变成美丽的工艺品；人不通过读书学习，就不可能明白万事万物的法则。”

123 为什么《袁氏世范》会成为私塾学校的训蒙课本？

《袁氏世范》写于南宋，作者是袁采。据说，袁采为人秉性刚正，为官廉明，颇有政绩。袁采自小受儒家之道影响，为人才德并佳。步入仕途后，袁采以儒家之道理政，以廉明刚直著称，而且很重视教化四方。在任官期间，他感慨当年子思在百姓中宣传中庸之道的做法，于是撰写《袁氏世范》一书用来指导伦理教育，优化风俗习惯。《袁氏世范》分睦亲、处己、治家三门。这本书的内容极具趣味，极易领会和学习，如话家常，所以又称《俗训》，遍传于世。书中有许多句子十分精彩，如“小人当敬远”“厚于责己而薄责人”“小人为恶不必谏”等等。《袁氏世范》传世之后，很快便成为私塾学校的训蒙课本。历代士大夫都十分推崇该书，将它奉为至宝。

124 为什么 文王会在囚室中推演《周易》？

周文王，商末“周族”首领，姓姬名昌。商纣王统治时，他是西伯侯，故亦称“伯昌”。相传当时西周国力日益壮大，引起了商王朝的不安。商纣王的亲信暗中向纣王进言，称西伯侯到处行善，树立自己的威信，诸侯都仰慕他，恐怕不利于商王。纣王于是将姬昌囚禁起来。在姬昌被囚禁期间，他将伏羲的先天八卦推演成六十四卦，并系以卦爻辞，提出“刚柔相对，变在其中”的富有朴素辩证法的观点，完成了《周易》这部千古不朽的著作。这便是历史上著名的“文王拘而演周易”的故事。后来，西周的大臣为营救姬昌出狱，搜求美女、宝马、珠玉献给纣王。纣王高兴地说：“仅一美女就足够了，何况宝物那么多！”于是下令赦免姬昌，放他出狱，并赏给他弓、斧、钺等，授权他讨伐不听命的诸侯。

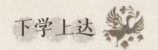

125 为什么仲尼困厄之时能著《春秋》?

孔子3岁时，父亲不幸去世，孀居的母亲只好与年幼的孔子相依为命，在贫困中度日。孔子自幼发奋学习《周礼》，后来自述“吾十有五而志于学”，也就是说他从15岁开始对学问产生了浓厚的兴趣。孔子曾周游列国宣扬自己的学说却得不到认可，穷困不堪，退而著书。他在困厄中编定《春秋》，寓说理于叙事之中，体现出的褒善贬恶的政治理性，成为后世所流传的“春秋大义”。孔子希望借此提供历史经验，警戒后人。这一形式后来被人们称为“春秋笔法”。《春秋》面世之后，有无数“微言大义”的论者，更有众多“成仁取义”的志士，让历代乱臣贼子为之却步。

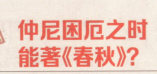

126 为什么 屈原被放逐之时著有《离骚》?

屈原是战国时期的楚国人，也是我国最早的大诗人。屈原一生经历了楚威王、楚怀王、楚襄王三个时期，主要活跃于楚怀王时期。这个时期正是中国即将实现大一统的前夕，“横则秦帝，纵则楚王。”屈原因出身贵族，又明于治乱，善于辞令，故而早年深得楚怀王的信赖。屈原为实现楚国的统一大业，对内积极辅佐怀王变法图强，对外坚决主张抗秦，使楚国一度出现了国富兵强、威震诸侯的局面。但是由于他在内政外交上与楚国的腐朽贵族集团发生了尖锐的矛盾，因上官大夫等人的嫉妒，后来遭到群小的诬陷和楚怀王的疏远，最后被流放。其间，屈原心中忧郁愤恨，在强烈的爱国之情的激发下写出了不朽的诗篇《离骚》。当楚国首都被秦兵攻破时，他怀着彷徨苦闷、悲愤忧郁的心情投汨罗江自沉。

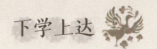

127 为什么左丘明失明后会著《国语》？

左丘明是春秋末期的史学家、文学家、思想家、散文家、军事家，与孔子生活在同一时代。晚年的左丘明由于眼睛出了问题，不得不辞官回乡。左丘明回到家乡后，建立了左史书舍，开始编纂《左传》《国语》。左丘明纂修《国语》的时候，眼睛已经失明了，但强烈的历史使命感使他振作起来，将几十年来的所见所闻、各国的要闻和君臣间具有启发性的讨论记述下来，汇集成史学名著《国语》。《国语》记录了周朝王室和鲁国、齐国、晋国、郑国、楚国、吴国、越国等诸侯国的历史。上起周穆王西征犬戎，下至智伯被灭，包括各国贵族间朝聘、宴飨、讽谏、辩说、应对之辞以及部分历史事件与传说故事，是中国最早的一部国别史，与《左传》一起成为珠联璧合的历史文化巨著。

128 为什么孙膑能大败庞涓?

孙膑是战国时期的齐国人，也是历史上著名的兵法家。相传他早年曾经与庞涓一道跟鬼谷子学习兵法，后来庞涓在魏国做了魏惠王的将军，深得魏王的信任，可他觉得自己的才能比不上孙膑，便施计派人把孙膑骗到魏国监管起来。孙膑到了之后，庞涓越发害怕孙膑的才能超过自己，更加嫉恨，于是蓄意用计陷害孙膑，假借法令使他受到了很严厉的刑罚。庞涓的目的是想把孙膑埋没掉，让世上再没有同他竞争的对手。不久，有位齐国的使者来到魏国大梁，孙膑以刑徒的身份暗中与之相见，说动齐使。齐国使者觉得孙膑是个奇才，便偷偷地用车把他载回了齐国。齐威王任命孙膑为军师，协助齐将田忌。他辅佐田忌两次打败庞涓，取得了桂陵战役和马陵战役的胜利。

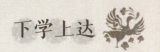

129 为什么吕不韦要写《吕氏春秋》？

战国时期，魏国有信陵君，楚国有春申君，赵国有平原君，齐国有孟尝君，他们都礼贤下士，结交宾客。吕不韦主政秦国时，国力日益强大，所以他也凭借优厚的待遇，招募了三千多门客。吕不韦招揽门客，不看重勇夫猛士，却十分注重文才。原来，吕不韦有自己的见解，他认为秦国猛将如云，军力强大，没有必要再蓄养征杀之士，而且，当时许多善辩之士纷纷著书立说，广为流传，不但天下闻名，还可传之于后世，永垂青史。吕不韦本是商人出身，没有条件去著书立说，但他可以借助这些以文才见长的门人，来实现自己的抱负和愿望。于是，吕不韦让门下凡能写文章的人，把自己的所闻所见和感想都写出来，又挑选了几位博学之士对这些作品进行筛选，而后编辑成书，取名叫《吕氏春秋》。

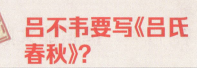

130 为什么韩非被囚秦国时会著《说难》和《孤愤》等名篇?

韩非子是春秋战国时期的韩国公子，出身显贵，是历史上著名的法家学派的代表人物。他写文章的功夫炉火纯青。秦王政读到了韩非的书，读得爱不释手，甚至感慨地说:“我要是能见到这些文章的作者，跟他交游攀谈，那就是死了也心甘情愿了!”当时，韩非所在的韩国弱小，韩王昏庸，他屡次向韩王进谏而不被采纳，反而遭疏远。后来，在秦国大军压境之际，韩非的主张仍未被采纳，无奈之下，他又以韩国求和使者的身份到了秦国。秦王大喜过望，把韩非扣留在秦国，每天与他谈论治国方略。此时的韩非已是心灰意冷。悲愤之余，满怀一腔报国之志的韩非只好退而著书，于是在秦国的这段时间，写下很多不朽的著作。

131 为什么朱用纯始终未入仕，一生教授乡里？

朱用纯，号柏庐，是明末清初著名的理学家、教育家。他的父亲朱集璜在抵御清军时遇难。朱用纯很难过，那个时候，他还有两个尚未长大的弟弟，一个是用白，一个是用锦，另外一个弟弟还没出生。为了侍奉母亲，抚养弟弟，朱用纯在外过得非常辛苦。等到局势稍微安定，他才回到家乡，专心做学问，教授学生。他深深感到当时的教育方法难以使学生学到真实的学问，所以写了《辍讲语》一书，反躬自责，语颇痛切。他曾手写数十本教材用于教学。朱用纯生平宁静淡泊，严以律己，对愿和他交往的官吏、豪绅都以礼相待，自己却坚持不做官。临终前，他还叮嘱弟子：“学问在性命，事业在忠孝。”

132 为什么 李毓秀科举不中后致力于治学？

李毓秀是清初的儒学家、教育家。他性情温和豁达，始终能以平和的心态面对人生。李毓秀年轻的时候，在外游学近二十年。科举不中后，他就放弃了仕进之途，终身为秀才，致力于治学。他研究《大学》《中庸》，创办书斋讲学，来听课的人络绎不绝，大家都尊称他为李夫子。太平县御史王奂曾多次向他请教，十分佩服他的才学。李毓秀根据传统对童蒙的要求，并结合自己的教书实践，写成了《训蒙文》，后来经过贾存仁修订，改名《弟子规》。《弟子规》浅显易懂，押韵顺口，说理透彻，可谓谆谆教诲，循循善诱，在我国清代教育史上有一定的影响。他的著作还有《四书正伪》《四书字类释义》《学庸发明》《读大学偶记》《宋孺夫文约》《水仙百咏》等。

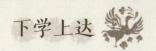

133 为什么曹雪芹会写《红楼梦》?

曹雪芹是中国古典名著《红楼梦》的作者。曹雪芹早年在南京经历了一段锦衣纨绔、富贵风流的生活。曾祖父曹玺曾任江宁织造，曾祖母孙氏做过康熙帝的保姆，祖父曹寅做过康熙帝的伴读和御前侍卫，后任江宁织造，兼任两淮巡盐监察御使，极受康熙宠信。因此，曹雪芹早年在南京的生活十分富足。但到了雍正年间，曹家因亏空获罪被抄家。后来，曹雪芹随家人迁回北京老宅。晚年，他又移居北京西郊，生活更加穷苦，只能靠卖字画和朋友救济为生。曹家经历了生活的重大转折，曹雪芹深感世态炎凉，对封建社会有了更清醒、更深刻的认识。他蔑视权贵，远离官场，投身于广泛的爱好中。他对金石、诗书、绘画、园林、中医、织补、工艺、饮食等均有所研究。他以坚忍不拔的毅力，历经多年艰辛，终于创作出极具思想性、艺术性的伟大作品——《红楼梦》。

134 为什么

李清照前后期的作品创作呈现出不同的特点？

李清照是宋代的文学家。她出生于一个爱好文学和艺术的官宦家庭，小时候博览群书，少女时代就已经崭露头角。长大后，她与太学生赵明诚结婚后一同研究金石书画，过着幸福美好的生活。靖康之变后，她与赵明诚避乱江南，丧失了珍藏的大部分文物。后来赵明诚病死，她独自漂泊在杭州、越州、金华一带，在凄苦孤寂中度过了晚年。她以词著名，兼工诗文，并著有词论，在中国文学史上享有极高的声誉。以北宋灭亡为时间节点，由于前后境遇发生了天翻地覆的变化，她的作品也随之呈现了两种风格：前期的作品真实地反映了她的闺中生活和思想感情，题材集中于自然风光和离别相思；后期的著作主要是抒发伤时念旧和怀乡悼亡的情感，表达了自己在孤独生活中的浓重哀愁和面对国破山河忧国忧民的情怀。

135 为什么杨时、游酢会有“程门立雪”的故事？

程颐，世称伊川先生，北宋理学家和教育家。程颐与其兄程颢一同求学于周敦颐，共创“洛学”，为理学奠定了基础。“程门立雪”讲的是宋代著名理学家杨时、游酢向程颐求学的故事。杨时在四十多岁时与好友游酢去拜见恩师程颐，但凑巧程颐在屋中睡觉，杨时便劝游酢不要惊醒老师，而是静立在门口，等待老师醒来。

但不巧的是，天空飘起了鹅毛大雪，并且越下越大。游酢在雪中冻得实在受不了，几次想叫醒老师程颐，但都被杨时拦住了。当程颐一觉醒来后，才发现外面下的雪已经积了一尺多深，而杨时和游酢早已变成了两个“雪人”。程颐大为感动，从此更加尽心教导二人。“程门立雪”告诉了我们尊师重道、虚心求教的道理，在现代依然具有积极的意义。

136 为什么 刘歆是西汉古文经学的真正开创者？

刘歆是刘向的儿子，是西汉的皇族，同时也是著名的经学家、目录学家、文学家。作为西汉古文经学的真正开创者，刘歆是中国儒学史上的一个重要人物，也是颇有争议的人物之一。汉代把隶书别称为“今文”，把以隶书抄录的经典称为“今文经”。刘歆小时候学习过今文《诗》《书》，后来又研习了今文《易》和《谷梁春秋》等书籍。汉成帝统治时，命令刘歆与其父刘向负责校对“中秘书”（内秘府藏书），协助校理图书。刘向死后，子承父业。哀帝统治时，刘歆负责总校群书，在刘向编撰的《别录》基础上，修订出中国历史上第一部图书分类目录《七略》。自西汉晚期开始的古文经学的振兴与刘歆的积极倡导是分不开的。他在长期校理中秘书的过程中，接触到大量外人无法看到的古文经籍，从而产生了浓厚的研究兴趣，并在研究古文经籍方向做出了卓越的贡献。

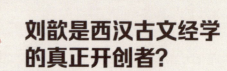

137 为什么汉代的察举制很重视士人的德行？

察举制是中国古代选拔官吏的一种制度。它的主要特征是由地方长官在自己的管理区域内随时考察、选取人才并推荐给上级或中央。汉高祖刘邦首下求贤诏，要求郡国推荐有贤能的人，开察举制先河。惠帝、吕后诏举孝悌力田，察举开始有了科目。汉代察举制度，严格地说是从文帝开始的，他下诏要求举荐贤良，并且定下了考试制度。汉武帝时，察举制日臻完备，各种规定相继推出。其后，各种科目内容不断充实，特别是有了统一的选才标准和考试办法，考试也成为汉代察举制度的重要环节。被举者经考试后，由政府量才录用，这样既保证了选才标准能贯彻实行，选出真正的人才，还能保证竞争相对公平，令下层人士有进入国家管理层的可能。这种考试制度不断发展和完善，历经各朝各代的改革，到隋唐以后便发展成科举制度。

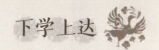

138 为什么古代读书人以圣人之志为傲？

“圣人之志”就是以圣人为榜样，树立远大的抱负和理想，有了这样的目标，人才能向着这个目标不断地前行，直到实现目标，成为圣人。心学大师王阳明五岁才开口讲话，七岁读书之时，老师问学生们天下最要紧的事情是什么，有的学生回答为了功名，有的则为了钱财，有的为了光耀门楣。唯有王阳明语出惊人：此生读书不是为了科举，而是为了成为圣贤。所以王阳明一生都在追求圣贤之道，在被贬谪到贵州的时候，王阳明对圣人之道有了新的理解，史称龙场悟道。最终，他成为了心学大家，集立德、立言于一身。

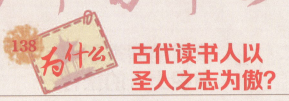

139 为什么古代会以“青钱万选”喻文才出众?

张鷟是唐朝的文学家。张鷟参加科举考试时，考官看了张鷟的试卷后，对他的才华十分欣赏，便授其官职。张鷟做官后，先后四次参加朝廷的铨选，每次都名列前茅。张鷟才华横溢，曾撰写笔记小说集《朝野佥载》、判牍《龙筋凤髓判》及传奇小说《游仙窟》等，文辞非常华丽。《朝野佥载》记录了隋唐两代朝廷和民间的要闻，对武则天时期的朝政有不少嘲讽。张鷟的朋友员半千看了爱不释手，一口气把它读完了。当他读到《游仙窟》时，不由得拍案叫绝。于是，他对张鷟的才华佩服得五体投地，常常在达官显贵面前称赞说：“张鷟的文辞就好像开元通宝中由白铜铸成、精美异常的那些青铜钱一样，万选万中。”于是，后人用“青钱万选”形容一个人文才出众。

140 为什么 古人会经常访友论学?

西汉著名的文学家刘向曾说：“书犹药也，善读可以医愚。”读书历来都是修身养性、明理求道的重要途径，可以让人变得聪明。读书穷理，格物致知，为的就是能够明心见性，正身立德。“热闹场中冷得下，纷华场中淡得下，艰苦场中耐得下，便有几分人品，几分学力。”但是古人可读的书籍非常有限，因此为了弥补不足，士大夫之间很重视拜师访友，以广见识，逐渐形成各自的师友圈，或书信往还，论书问学；或借假日相邀而聚，以文会友，交流心得，互相启发，相互促进。这样的事例很多，比如曾国藩在京城时到处拜师学习，交友访学，寻求读书良法。后来做了高官，他身边仍聚集大批门生好友，正如李鸿章说：“吾从师多矣，莫若此翁之善教者。”这样的社交能力为他们后来书生领兵奠定了基础。

141 为什么 韩愈会“焚膏继晷”？

韩愈是唐代大文学家、哲学家，“唐宋八大家”之首。他三岁丧父，从小立志刻苦自学。他坚持每天熟读几千字的儒家经典著作和其他诸子百家的书籍，并认真钻研文章的脉络和大义。他不仅白天读，晚上还要点上油灯继续苦读，《进学解》里说：“焚膏油以继晷，恒兀兀以穷年”，体现了他“业精于勤，荒于嬉，行成于思，毁于随”的治学观点和勤奋刻苦的治学态度。韩愈不仅勤奋好学，而且十分讲究方法。《进学解》里说：“记事者必提其要，纂言者必钩其玄。”他主张读书要提纲挈领，抓住主旨，而且还要勤于做笔记，读不同性质的书，要有不同的笔记法。这样做有助于记忆和理解，达到举一反三、触类旁通的效果。后来，“焚膏继晷”这个词就被用来形容一个人勤奋读书或努力工作。

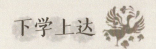

142 为什么江泌会映月读书?

“修身、齐家、治国、平天下”是古代士人最理想的人生追求，对于寒门子弟而言，这更是一条必经之路。他们要实现自己的抱负，就必须走读书入仕之路。这也是历代统治者采取各种措施吸引士人参政的方式。南北朝时的江泌非常爱学习，可是他家里很穷，不仅没钱供他读书，还要依靠他养家糊口。白天，他去给人家斫削木鞋底，赚钱维持全家生活。晚上回家后虽然很累，他还坚持读书学习。但家里没有钱买油点灯，于是他就想了一个办法，利用天上的月光读书。据《南史·江泌传》介绍：“泌少贫，昼日斫屐为业，夜读书随月光，光斜则握卷升屋，睡极堕地则更登。”靠着长期的勤学苦读，他进步很快，后来成为了齐国的国子助教。成语映月读书就源自他的故事，用以形容家境贫寒而勤学苦学的精神。

143 为什么把藏书多称为“汗牛充栋”？

“汗牛充栋”源自于柳宗元为他的老师陆质写的《陆文通墓表》，文中提到：“其为书，处则充栋宇，出则汗牛马。”意思是，陆质的藏书特别多，多到什么程度呢？如果把这些书放在家里，书将会塞满家里每个角落，甚至房梁上都要摆满；要是搬运到其他地方，那拉车的牛马都会累得汗流浃背。陆质是唐代十分有名的学者，深受太子赏识，被赐名“质”。他藏书很多，喜欢研究古文，对《春秋》见解独特，在其师赵匡的帮助下编写了《春秋集注》《春秋辩疑》《春秋微旨》等书籍，对当时文坛影响巨大。他与柳宗元为同僚，柳宗元特别崇拜他，并拜他为师，但没多久陆质就去世了。柳宗元特意写了《陆文通墓表》，以表达自己对陆质的崇敬之意。

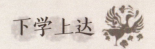

144 为什么宋朝文官比武官更有权力？

宋朝建国以后，为防止出现前朝的军阀割据甚至篡权的局面，采取了重文轻武、以文制武的政策。皇帝对武臣很不放心，戒备很严。宋代的开国皇帝宋太祖认为即便一百个文官都贪污，其危害性也赶不上一个武将发动政变，而且文官在皇帝的掌控之下，不容易发起政变。太平时期，文官掌握了军队的后勤粮饷，由此可以对军队进行控制，这样便可以压制武官的势力，强化对藩镇的管理。宋朝的武举制度也是要抛开五代时期的武官风气，从而选拔和培养一批符合科举文官理想的武官。在这种思想指导下，宋朝采取把武官养起来，派文官掌管军事和地方行政的政策。同时，朝廷对文官的管理也很严格，例如外戚被排除在文官体系之外，而身负重责的侍从官也不得由文官担任。

145 为什么许多贫苦子弟会窃入书舍，听诸生诵读？

在古代，不是所有的孩子都有机会进入学校读书的。特别是一些家境贫寒的孩子，不仅不能读书，而且还要承担起养家糊口的责任。许多贫苦子弟喜欢读书，希望能通过读书改变自己和家庭的命运。由于他们没有机会进入学堂，于是在放牧时会偷偷溜进学堂去听学生们念书。有的贫困子弟甚至会晚上挑灯夜读。有一些幸运的孩子获得了老师的青睐，被收为徒弟，从而得到一些指导。他们当中许多人都成为了博学多才之士，有的还走上了仕途，改变了自己的命运。

146 为什么古代有不少文人投笔从戎？

“天下兴亡，匹夫有责”。纵观中国历代文人，他们虽是一介书生，但怀有一腔热切的爱国热情，并创作出了许多不朽的文学作品。他们当中更不乏有人敢于在国家危难之际站出来，甚至愿意放弃自己的生命，不惜抛头颅、洒热血。班超就是他们中的代表。他自小就胸有大志，博览群书。为了家中的生计，他替官府抄写文书。但他认为大丈夫应该建功立业，得以封侯。当时，西域各国被北匈奴所控制，东汉王朝边境的人民也因北匈奴的屡次胁迫、侵犯痛苦不堪。于是班超弃笔从戎，跟随窦固等人征讨匈奴。他曾在西域待了数十年，其间，他一直兢兢业业地经营着西域，对促进各民族之间的联系与融合做出了重大的贡献。

147 为什么古代读书人会讲学布道？

古代读书人往往将安身立命之本寄托于学术事业，将“求道”作为自己一生最大的奋斗目标。读书成为古代文人士子“修身、齐家、治国、平天下”的不二选择。韩愈有一句名言说：“师者，所以传道授业解惑也。”而现实中，“传道授业解惑”往往不是文人们的最初理想，而更多是他们遭受了挫折后的无奈选择。有些看破世间事的文人为了能独善其身，会选择讲学布道作为退却之路。讲学毕竟还有“桃李满天下”之成就感，还可以借助于弟子的力量，让自己的学说得以流传甚至发扬光大。讲学布道不仅是文人之价值可以得到认同的方式，而且常常是文人最后得以表现自己的机会，是他们精神上最后的家园。在读书人看来，教化民风，化民成俗，开悟民众的这种方式也是儒家赋予他们的社会责任。

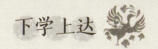

148 为什么出身于“书香门第”是一件引以为傲的事?

“书香门第”是中华传统文化中特有的优雅词汇。中国古代文人崇尚文化，以读书为美。“书香门第”中的“书香”是指古人为防止书虫咬食书籍，便在书中放一种芸香草，这种草有一股淡淡的清香气，夹有这种草的书籍打开后清香袭人。“书香”就好像是书的保护神一样，因此为藏书家所钟爱。“门第”指的是有一定地位的家庭。所以“书香门第”旧指培养出读书人的家庭，后来也泛指比较好的家庭背景。出身“书香门第”的人在纯良的环境之下成长，受到家庭环境的熏陶，对书本有着天然的爱好。无论是参加科举考试及第的，或是没有取得功名的，都依然不会放弃读书的习惯。在他们看来，没有什么比沉浸于阅读中，将读书本身视为自己的使命和追求更能引以为傲的事情。

149 为什么古代官员“白天做官，晚上读书”的现象十分普遍？

中国古代官员普遍喜好读书，历朝历代的官员，大多自幼就开始读书。他们秉持着“学而优则仕”的理念，以“达则兼济天下，穷则独善其身”为自我实现的方式。古代官员的选拔极其严苛，只有经历了若干年的寒窗苦读，对儒家学问有深入把握的人，才能够通过严格的科举考试，再经过层层选拔，才能进入官场。由于自小就培养了读书的好习惯，他们入仕以后也往往对书爱不释手。同时，为官者通过读书可以提升自我的品格，高远者更会提升自己的思想境界。天下太平的时代必然推崇文化和学术，因此朝廷对官员进行考察时，不仅要看政绩，也要看文化修养，不读书难以达到朝廷对官员素质的要求。因此，古代官员“白天做官，晚上读书”的现象十分普遍。

150 为什么古代读书人非常重视学习四书五经、诸子百家？

“四书五经”是中国传统文化的重要组成部分，是儒家思想的核心载体，更是中国历史文化古籍中的宝典。同时“四书五经”也是科举考试中选拔人才的命题书和教科书。“四书五经”详实地记载了中华民族思想文化发展史上最活跃时期的政治、军事、外交、文化等各方面的史实资料，孔、孟等人重要的哲学思想对中华文化产生的广泛而深刻的影响也持续了几千年之久。“四书”指的是《大学》《中庸》《论语》《孟子》。“五经”指《诗经》《尚书》《礼记》《易经》《春秋》五部书。诸子是指先秦时期管子、老子、孔子、庄子、墨子、孟子、荀子等学术思想的代表人物。百家是指儒家、道家、墨家、名家、法家等学术流派。各家的基本宗旨大都是为国君提供政治方略。它们在中国历史上发挥了重要的作用。

151 为什么说宰相须用读书人？

此语出自宋太祖赵匡胤之口。一天，赵匡胤踱入后宫，随手拿起一面宫女的铜镜，发现这面铜镜背面居然有“乾德四年铸”的字样，瞬间吃了一惊：现在才乾德二年，怎么会有乾德四年造的铜镜呢？而且这面铜镜明显是旧的，肯定是有些年头了。大惑不解的赵匡胤就把这面铜镜拿给大臣们看，大臣们也都说不出个所以然来。赵匡胤便找翰林院的学士来询问此事。学士们看了看这面铜镜，说道：“这镜子应该是前蜀年间的，前蜀后主王衍曾用过这个年号，镜子应该是那个时候铸造的，万岁您刚平定蜀国，应该是那里的宫女带进来的。”经史官们仔细核查真伪，发现果真如此，赵匡胤顿时火冒三丈，心想：怎么能与前蜀王衍这等亡国之君使用相同的年号呢？于是他便将宰相们狠狠地批评了一通，随后叹息道：“宰相须用读书人啊！”

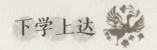

152 为什么 明代官员以淘书、刻书为乐？

古时的读书人有一种天然的优越感。在乡间，如果家有秀才，那么其地位就会高于别家；在官场，出身书香门第同样是让人引以为傲的事。因此，古代官员“白天做官、晚上读书”的状态十分普遍，这也为后来的淘书、刻书的流行提供了基础。明代统治者重视文化教育事业，图书作为知识的载体，格外受帝王的青睐。朱元璋时期免除了书籍税，明成祖朱棣看到“士人家稍有余资，皆欲积书，况于朝廷”，便于永乐四年动用文人儒臣三千余人，集古今图书八千余种，历时六年编成11095册、3.7亿字的《永乐大典》。在统治者的大力倡导下，明代刻书业发达，书市繁荣，帝京更是云集天下书商，书市之大，书籍之全，历史罕见。在如此大背景下，明代官员亦以淘书、刻书为乐，凡科举考试上榜者“必有一部刻稿”。

153 为什么在清代官员中，连满人都爱学汉文、读汉书？

清朝统治者实现了全国统一之后，为了统治的需要，便主动学习汉语和汉文化，并且崇尚儒学。比如清帝入关做的第一件事，就是诏告天下：拜孔子为师。其次，满人为少数民族，在实际生活中与汉人的交流更多，满人学习汉语后，使用满语的频率就更低了，随着满语的实用性越来越低，反过来又导致会满语的满人越来越少。到了康熙中期以后至乾隆初年，许多旗人识满文、说满语的能力都慢慢退化了。自乾隆年间开始，满人对满语已经日渐生疏。另外，灿烂的汉文化已传承千年，拥有无限的生命力，且悠久的中华文明史大多是以汉语记载的，这种强大的吸引力，促使满人们迫切又自觉地学习汉语。

154 为什么古代官员分文官和武官？

在文明之初的官僚体制下，一开始并没有“文治”和“武功”的明确分工。官员既管国家内务，又带兵打仗。因当时战争规模不大，文武不分适应当时的统治需求。但到了战国时期，战争规模越来越大，有时甚至需要倾全国之力，或者调动几国力量联合作战。在这种情况下，军队统帅必须由专业的、富有战斗经验的人担任。文官也就不再适应统筹如此大规模、高强度、形势极其复杂的战国战争了。《韩非子·显学》称：“明君之吏，宰相必起州郡，猛将必发于卒伍。”这就可以看出文官和武官的出身不同，也说明了两者各自的特点和擅长之处。另外，文官和武官的分工，也是君主控制国家的重要手段。战国及其后历朝历代都采取了文武分职的官僚体制，朱元璋更是废除了丞相制度来加强王权。文武分职，符合政治和军事分工的需要，有助于国家的发展。这样，既能保证“家天下”不改姓，又可使文臣武将发挥自己的特长。

155 为什么 古代文人常常会忧国忧民？

“学成文武艺，货与帝王家”，学而优则仕几乎是天下书生的梦想，因为古代文人有很深厚的家国观念，认为天下兴亡与自己息息相关。其次，在古代一般忧国忧民的文人往往在官场上都不太得志。他们在仕途上往往会因受到排挤而没有得到充分的空间施展才能，所以会通过创作诗词和文章来表达自己忧国忧民的思想，并陈述自己的主张。最后，传统的文人往往深受儒家思想的影响，而儒家思想倡导想民所想、忧民所忧，关注国家的一统和天下的安定。当时对儒家来说，“天下”就是国家，国家就是“天下”，人民的生活又与国家的兴衰息息相关。因此，受儒学影响的文人常常会忧国忧民。

156 为什么古代文人钟情于山水?

山水是中国古代文人们自觉人格的理想追求。文人雅士们在山水之中，发现了传统社会价值之外的个体生命的存在价值，为灵魂找到了永恒的家园。当文人士大夫将自然山水看成知音时，他们的人格便与自然山水达到了一种妥帖的认同与共振，仿佛人与山水自然息息相通，心心相印。另一方面，寄情山水是中国古代仕途坎坷的文人自我救赎的方式。自古文人多命舛，当诗人理想破灭、仕途不顺时，需要找到另一种途径来抒发自己内心的情感。“人生在世不称意，明朝散发弄扁舟”(李白《宣州谢眺楼饯别校书叔云》)，于是，古代文人会一头扎进自然，用山水田园来平衡失重的命运，用山水田园来慰藉创伤的心灵。

157 为什么 陶渊明不为五斗米折腰？

陶渊明为了养家糊口，来到离家乡不远的彭泽当县令。这年冬天，浔阳郡派遣督邮来检查公务，浔阳郡的督邮因凶狠贪婪而闻名远近，每年都以巡视为名向辖县索要贿赂，若不满载而归，便对当地官员栽赃陷害。这次派来的督邮是个粗俗而又傲慢的人，他一到彭泽的旅舍，就差县吏去叫县令见他。陶渊明平时蔑视功名富贵，不肯趋炎附势，对这种假借上司名义发号施令的人很瞧不起，但也不得不去见一见，于是马上动身。不料县吏拦住陶渊明说："大人，参见督邮要穿官服，并且束上大带，不然有失体统，督邮要是借机大做文章，会对大人不利的！"陶渊明听罢，再也忍受不下去了，愤慨地说："我不能为五斗米向乡里小人折腰！"于是他封好官印，马上写了一封辞职信，离开了彭泽。

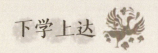

158 为什么 古代文人墨客喜欢写关于故乡的诗文？

传统文人胸怀的志向便是“修身、齐家、治国、平天下”“读万卷书，行万里路”。因此，“居庙堂之高”与“居江湖之远”便是他们人生的两大处境。但是不论他们是在朝还是在野，根植于他们骨子里的故乡情结都会伴随他们一生。而所有的山水在他们的潜意识中都有一个参照，这个参照就是故乡的山山水水。特别是求官不成，生活陷入困境之时，文人墨客倍感身心疲惫，当他们的心灵慢慢沉寂下来时，便会顺其自然，在大自然的山山水水中得到抚慰。面对着旅途中的每一处山水时，他们心里想的还是故乡和亲人，而激励他们永不停息地跋涉的，正是童年时在故乡便树立起的匡世的理想和报国的抱负。故乡给了文人们无端的感动和莫名的哀伤，他们对故乡的渴求挚恋，即是对生命本身的渴求挚恋。

159 为什么 中国古代文人容易受到排挤？

文人的命运总是与政治联系在一起，在相对和平的年代，他们往往享有相当重要的地位和许多的政治权利。然而并非每个文人都是志同道合的，文人和文人之间会因政治主张不同而形成不同派别。有时因为政见不同，一些文人又不屑与道不同者为伍，他们之间便难免会有政治分歧，从而产生政治偏见，彼此难免相互排挤。例如，北宋文学家王安石主张政治改革，变法却遭到以司马光为首的保守派的激烈反对，新法未能很好地得到贯彻，王安石被迫罢相，八年后再相，次年又被迫辞职，最终忧愤去世。可以说，在政治斗争中，文人是最大的牺牲者，有的丢了官，有的甚至丧了命。再加上中国古代不少文人有超群绝伦的才华，但往往都自诩清高，因此容易遭人嫉妒，遭到陷害。

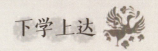

160 为什么苏州成了中国古代文人归隐的集中地？

中国文人，尤其是在官场的文人，都有归隐情结。他们经历过官场的险恶，内心渴望把身心托付给田园山野，渴望诗意的栖居。苏州成为中国文人归隐的集中地，成为了归隐文化的象征地。园林的主人们之所以要造园林，或是因为官场失意而厌倦政治，或是为躲避战乱，或是受魏晋之风的影响想做隐士。苏州的园林充当了中国文人归隐思想的载体：高高的院墙下筑起了文人的精神世界，园中的竹林就是文人梦中的家。苏州现存最古老的园林，当是宋代的沧浪亭。宋代的苏舜钦被罢官后南游姑苏，见府学的东面草木茂盛，附近还有一块荒芜的废地，乃是吴中节度使孙承佑的旧邸，遗意尚存。苏舜钦见状，便买地建亭，名曰沧浪亭。

161 为什么韩愈会上书《论佛骨表》？

唐朝时佛教盛行，唐宪宗派使者前往凤翔迎佛骨。韩愈不顾个人安危，毅然上《论佛骨表》极力劝谏。他认为供奉佛骨实在荒唐，要求将佛骨烧毁，不能让天下人被皇帝迎佛骨的事误导。宪宗阅读奏章后大怒，要用极刑处死韩愈，身旁的大臣极力劝谏，仍然无法平息宪宗的愤怒，最后连皇亲国戚们也认为对韩愈加罪太重，为其说情，宪宗才将他贬为潮州刺史。韩愈到潮州后，上奏为自己辩白。宪宗对宰相说道：“昨日收到韩愈到潮州后的上表，所以想起他谏迎佛骨之事，他很是爱护朕，朕难道不知道？但韩愈身为人臣，不应当说人主‘奉佛就位促寿短’的话。朕因此讨厌他太轻率了。”后来，宪宗意欲重新起用韩愈，但憎恨韩愈的大臣借机说韩愈太狂放粗疏，可考虑调到别郡。适逢大赦，宪宗便于同年将韩愈调至袁州当刺史。

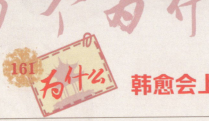

162 为什么李时珍会写《本草纲目》？

李时珍，是明朝著名的医学家和药物学家。李时珍家世代行医，他的父亲医术很高，给病人看病常常不收诊费。李时珍暗自下定决心，要像父亲那样为人治病。李时珍一面行医，一面研究药物。他发现很多旧的药物书有不少缺点，于是下定决心重新编写一部完善的药物书。为了写好这部药物书，李时珍不但在为病人治疗的时候注意积累经验，还亲自到各地去采药。他不怕山高路远，不怕严寒酷暑，走遍了盛产药材的名山，有时甚至好几天不下山，饿了就吃些干粮，天黑了就在山上过夜。李时珍走了上万里路，拜访了千百位医生、老农、渔民和猎人，向他们学到了许多书本上没有的知识。他还亲口品尝了许多药材，判断药性和药效。之后，李时珍回到老家，花了整整27年的时间，终于编写成了一部全新的药物书，就是著名的《本草纲目》。

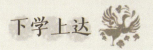

163 为什么中国文人多爱饮酒?

中国的酒，起源于远古时期的农耕社会；中国最初的诗，大约也产生于这一时期。中国第一部诗歌总集——《诗经》中有44首诗涉及酒，首开诗酒文化之先河。从此，酒便成为中国诗歌史上经久不衰的主题。在唐宋文人的情感世界中，饮酒是创作灵感的媒介，是丰富想象的奇妙载体。酒对于诗歌创作的情绪酝酿、环境气氛的烘托方面具有独特作用，浪漫主义风格的诗歌创作者对酒更是情有独钟。对于小说家来说，酒也有类似的功效。罗贯中在描写《三国演义》中曹操与刘备煮酒论英雄以及桃园三结义等情节时，都借助了“酒”渲染气氛。施耐庵在《水浒传》中武松打虎的情境设置中，以“三碗不过岗”烘托环境，更显其醉后英雄本色，给一代又一代的读者留下了深刻的印象。

164 为什么说古代文化与书法是分不开的？

文化是人类社会生活、行为方式、文明程度的积累、沉淀和表达。书法与绘画一脉相承，相比之下，书法更为抽象，因而更具表现力。古人不仅用诗歌来抒情写性，还用书法来表达自己的思想感情。中国书法讲究藏锋，体现了古代文人含而不露、谦虚不骄的内心修养。书法的笔画虚实结合、阴阳相依、变化多样，表现了古代文人刚柔相济、柔中带刚的性格特征。书法还讲究风骨，通过柔软的笔锋传达出苍劲有力的精神、飘逸豪迈的情怀和胸怀高远的志向。自古以来，文人墨客常常喜欢在情绪激昂之时提笔疾书，以抒情怀。手中运笔，一气呵成，心中情感透过笔尖跃然纸上。

165 为什么古代为官戒律多？

古代的读书人走上了仕途之后，并不意味着可以在官场上随心所欲。他们还要遵守许多戒律。比如禁止出入古玩店铺、禁止牟私利、禁止私人贩卖茶叶等，对饮酒的限制也十分严格。有的官员贪杯，又公私不分，甚至会喝出罪来。还有的官员借花献佛，用公酒随便送人，这也是有禁令的。有的朝代规定非常严格，官员一旦因此被革职，永远都不予录用，这对官员来说是非常残酷的。宋朝有一个文学家叫苏舜钦，就是因为喝酒而被革去了官职。一次朝廷祭神仪式结束后，他把公家的废纸都卖掉了，将所得来的“公钱”用来买酒招待宾客，还招来乐妓奏乐、唱歌。这件事情被苏舜钦的丈人宰相杜衍的政敌打探到了，于是，朝廷便以“自盗”的罪名革去了苏舜钦的官职。

166 为什么古代官员会有官箴？

在中国传统社会中，“官”是指为政者，“箴”是指规劝、告诫与警示。“官箴”，指的就是古代中国居官格言之类的著作。首先，它们可以不断地提醒当政者在运用权力时，要借助道德精神的力量，进行自我克制与自我节持，才能把握合适的度。其次，当政者施政时难免会出现弊端与失误，光靠自律难以自我纠正，需要规劝、告诫与警示。否则就会贻误大局，危及自身。中国官箴文化起源于西周，形成于战国时期的秦国，确立于汉唐，发展于宋元明清。官箴文化包涵从箴谏君王到箴示群臣、君臣互箴，直至群臣自箴等各个层面。在古人看来，惟有自强才能自立，惟有厚德才能担当起民族与国家的重任。官箴文化是中国传统社会政治智慧的结晶，法律实践的丰硕成果，具有深刻的哲学底蕴，是中华民族宝贵的精神财富。

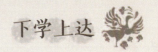

167 为什么古代文人会作讽喻诗？

古代的讽喻诗主要是起到反映国事民生、褒贬政治的作用，符合儒家的比兴传统，能够为民请命。在中国古代诗歌的百花园中，讽喻诗以其现实性和战斗性，历来深受人民的喜爱。讽喻诗的产生与发展可以追溯到《诗经》。到了唐代，讽喻诗这种形式已渐渐地成熟，许多诗篇对权臣、贵族、官吏的腐败罪恶进行了大胆地揭露与谴责，甚至有的讽喻诗把矛头直接指向皇帝，诗的思想内容达到了新的高度。讽喻诗虽大都是相对枯燥的政治诗，其内容多以讽谏、劝勉或鞭策当权者为主，但其中也有一些是质量上乘的精品之作。那些关注民生疾苦、勇为民众代言且有较高艺术水准的讽喻诗，往往能够打破阶级和时空的界限，感动不同时代不同阶层的人群。有的讽喻诗，例如白居易的《卖炭翁》、陈志岁的《桃》等名篇，甚至时至今日仍具有警策意义。

168 为什么古时的官署衙门都有“官联”？

古时的官署门口都贴有对联，俗称“官联”。据史料记载，起初古代为官者并没有施政演说。大约从宋代开始，为官者便在官署衙门里撰题“官联”，以此来表明自己的官德、政愿、志趣、官风，或者说是为官之道等。一般来说，“官联”所使用的语言都非常简单，但是寓意很深刻，字斟句酌，文笔犀利。古代流传下来的“官联”大概可分作以下几类：一是安民告示，这种联语表明了爱民公正之心；二是执法严慎，表明自己明察秋毫，执法严格；三是廉政奉公，还有一些则表明自己政绩昭然，重职守、勤政事、兴群言、慎举措，坦承自己甘负重任、献身社稷的意志和决心等。古代流传至今的“官联”既可与当今的施政演说相媲美，同时也是一笔珍贵的文化遗产。

169 为什么说“师者席不暇暖”？

传统儒者以道自任，那些受到儒家文化熏陶而彪炳史册的仁人义士，在精神气质上多半也有以身殉道的意味。韩愈说：“师者，传道授业解惑也。”老师也是各有不同的：有教识文断句入门的，有教巫医乐师百工之技的。相传孔子曾为推广自己的思想而不停地四处奔波。每到一地，坐席还没有坐暖他就动身离去了。他就这样为了传道忙忙碌碌，东奔西走。传统时代，做老师的也享受比较高的尊荣，师者席不暇暖、仆仆于途，迫不及待地要将自己的知识和心得教给别人。做教师的，以传道为本；做学生的，以求道为要。尊师重道也成为了中华民族的优良美德，旧时的牌位写“天地君亲师”，便是一个显见的佐证。

170 为什么古代女子会读一些阐释女性美德的书籍？

自古到今，女性在家中占据着很重要的地位。有美德的女性会对家庭产生重要的影响，因此古时候女性也会读一些阐释女性美德的书籍，这样女子出嫁后会给家庭带来积极的影响。对女性的品德教育之所以如此重要，是因为女性在家中要相夫教子，会直接影响家庭的和睦以及下一代的幸福。古人云：“一出茶饭便知妻，要知贤母看儿衣。”古往今来，多少有贤德的女子，用勤俭、坚忍、慈爱、大度的胸怀，撑起了万千家庭的幸福美满、和睦温馨。古代的女子在家中虽只是“主中馈”的人物，但却能因自身的德行影响教育家中成员，从而从侧面推动社会的和平与安定，以达到治国、平天下的效果。母教为家庭教育的重点，也是一切教育的基础。有德行的女子即便身居家庭之中，亦能将良好的德教广行四方。

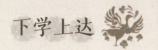

171 为什么古人会挑灯夜读?

在古代没有电灯，人们要读书就需要使用煤油灯，用线绳做成灯芯，将它放在煤油里，灯芯不断地燃烧，需要不断地清除它燃烧过的部分，不然一旦灯芯烧断，火就灭了。古代的读书人在黑暗的夜晚伴着微弱的灯光勤奋夜读，有的读书人家庭贫苦，买不起煤油灯，便要想尽其他一切办法获取光亮。在古文典籍中，有许多有关夜读的故事：悬梁、刺骨、映雪、囊萤、凿壁借光……即便在漫漫旅途中，文人们也不忘灯前夜读。有一些诗文也是描述挑灯夜读的，比如白居易的“把君诗卷灯前读，诗尽灯残天未明。眼痛灭灯犹暗坐，逆风吹浪打船声”；韩愈的“夜书细字缀语言，两目眵昏头雪白。此时提携当案前，看书到晓那能眠”。这些诗文都是对挑灯夜读场景的描写，展现了古人克服困难坚持读书的可贵精神。

172 为什么古人认为读书与耕种密不可分？

中国古代处于农业社会阶段，农业收成直接关系国计民生，所以大部分人都以耕种为生，甚至读书人也不例外。中国古代一些知识分子就以半耕半读为合理的生活方式。这样一方面可通过事稼穑、丰五谷来养家糊口，满足基本的生活需求；另一方面可以读书学习知识，满足精神需求。读书和耕田相结合，也可以劳逸结合。这种生活方式形成了古人“耕读传家”的价值取向，促成了“耕读文化”的形成。“耕读文化”是中国文化的优良传统，它影响了中国的农学、科学、哲学，树立了知识分子朴实无华的思想和接近人民的意识，养成了他们务实的生活作风。古人曾写过一副这样的对联：“一等人忠臣孝子，两件事读书耕田。”意思是人应该做一个忠实孝顺的一等人，也要做一个将读书和劳作相结合的人。

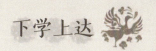

173 为什么家书会成为父亲教育子女的一大法宝？

古时没有现代的通信、交通方式，一个远在他乡的人往往要通过书信才能与家人互通讯息。游子会在信中向家人介绍自己在外的情况，大部分情况下都是给家人报平安。在电报普及之前，家书是出门在外者跟家人之间主要的沟通方式之一，是维系彼此情感的重要纽带，其中包含着浓浓的亲情。不仅如此，很多家书也成为出门在外的父亲教育子女的法宝之一，虽然不是面对面的沟通，却也饱含深情。比如曾国藩写给儿子曾纪泽的家书，其中就包含了许多做人、处事的智慧，即便父亲不在身边，收到家书的子女也能接收到父亲的嘱咐和告诫。梁启超有子女十人，他也曾通过家书与子女们联系，后来这些子女的成才都和梁启超对他们的教育和培养有密切的关系。

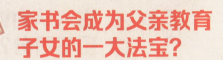

174 为什么古人注重家族血脉的传承？

中华民族自古以来就是一个很重视传承的国度，传承能帮助我们增强归属感和凝聚力，找到我们共同的祖先。家族血脉的传承有许多载体，一直以来，中国人都很注重宗祠文化，它是我国传统文化的象征之一。中国人也很注重家谱文化，它展示着家族世系的延续。这些其实都折射出我们对家族血脉传承的注重，体现出我们民族恒久的生存理念。同时，姓氏是我们的根，它不仅承载了我们每个人的血缘关系，还承载了我们对家庭观念的重视，能折射出家族命运、国家命运的历史变迁。在这种朴素观念的支配下，形成了一系列礼教制度和礼仪生活。我们每一个人的存在，都是关系到整个家族血统传承的大事。因此中国人的宗亲观念很浓厚，我们很重视亲情，也很重视宗亲血缘。

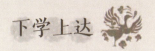

175 为什么古人说“仕而优则学，学而优则仕”？

“仕而优则学，学而优则仕”这句话出自《论语·子张》，谈论的是“学”与“仕”的关系，是孔子教育方针和办学目的的集中体现。这句话的意思是工作的事情做好了，如果还有多余的精力，就应更广泛地去学习以让自己变得更好，如果不再学习，终不能继续维持你的“仕途”；学习学好了，如果还有时间，就可以参与到具体工作中去，学以致用，以便更好地推行仁道。这句话告诉我们人的一生无论处于什么样的境地，只要有机会学习，就不要放过机会。孔子曾经说过：“学而时习之”，出仕也是学习的途径之一。修身学习是无止境的，从政可以更好地修身，也可以更好地推行仁道。

176 为什么会有忠孝两难全的说法？

“忠”和“孝”是中国古代儒家思想的重要内容。古人讲忠孝，意思就是为人臣者要忠，为人子者要孝，二者都是古人为人处世的优良品德，备受推崇。古人说：“求忠臣必于孝子之门”，就是说一个人如果在家里是孝顺父母的，那么他对于国家也会是忠诚的。在古代，如果一个人的父母去世，那么他要守孝三年，期间当国家需要的时候，国家可以破例征用，这叫夺情，所以便有了自古忠孝不能两全的说法，这确实是古人常常遇到的情况。无论是“忠”还是“孝”，都值得尊敬。诸葛亮的《出师表》和李密的《陈情表》，恰恰是一忠一孝、堪称双璧的千古典范之作。后人常说：“读诸葛亮的《出师表》而不流泪者，其人必不忠诚；读李密的《陈情表》而不流泪者，其人必不孝顺。”由此也可以看出古人的忠孝观。

177 为什么古代读书人多淡泊明志?

诸葛亮在《诫子书》中说：“非淡泊无以明志，非宁静无以致远”，认为一个人要保持宁静淡泊的人生境界。淡泊其实就是看淡名利，明志就是表明、明确自己的志向。保持淡泊的心态，能使自己内心宁静下来，从而获得人生的真正乐趣，因为波动浮躁的心境是悟不出人生真谛的。古代许多读书人都保持着这种心境，比如东晋的陶渊明就不愿为五斗米折腰，这其实就是淡泊明志的表现。《晋书·陶潜传》中记载：“吾不能为五斗米折腰，拳拳事乡里小人邪。”后人便用这个典故来表明一个人为人清高，有骨气，不为利禄所动。而陶渊明也成为淡泊名利、不趋炎附势的人格的典范。

178 为什么古代读书人不仅重视读书，还重视践行？

北宋的哲学家、教育家程颐曾经说过：“积学于己，以待用也”。意思是要好好学习，积累知识，等到有机会行动的时候，就能运用到工作实践中去。这就告诉我们，不仅要重视读书，还要重视实践。因此，我们要知道一切的知识都是为了实践而准备的，所以在读书的过程中就要注意有选择性地去读，一旦需要，就能马上调动出相应知识用在实践上。否则，如果只注重用知识来炫耀，就脱离实际，毫无益处。或者只是读书学习而不用于实践，就等于没学，徒然浪费了我们的时间和精力。要善于将所学到的东西运用起来，做到学以致用，才能用知识解决实际的问题。南宋诗人陆游有两句诗大家都很熟悉：“纸上得来终觉浅，绝知此事要躬行。”便是强调学以致用，它告诉我们不但要真正地理解书本上的知识，还要将知识与实践相结合，才能做到知行合一。

179 为什么孟子说诸侯有三样宝贝是指土地、人民、政事？

战国时期的思想家孟子曾经说过：“诸侯之宝三：土地，人民，政事。宝珠玉者，殃必及身。”意思是诸侯有三样宝贝：一是土地，二是人民，三是政事。如果统治者错误地把珍珠、美玉当作宝贝，灾祸必定降临到他身上。这是孟子仁政思想的一部分，同时也是他对于历史经验和教训的总结。历史上有很多当政者由于玩物丧志，贪图一时享乐，最后丧失天下、身败名裂，留下了惨痛的教训。作为当政者，应该把土地、人民和政事放在最重要的位置，只有对这些加以保护，才能保住家业、国业。时至今日，孟子所说的诸侯三宝依然具有参考意义。当然，这不仅仅是国家的统治者应当借鉴的，就是一般的为官者也不应该贪图财宝、美玉，不能为了一己私利导致国家处于危难之中。

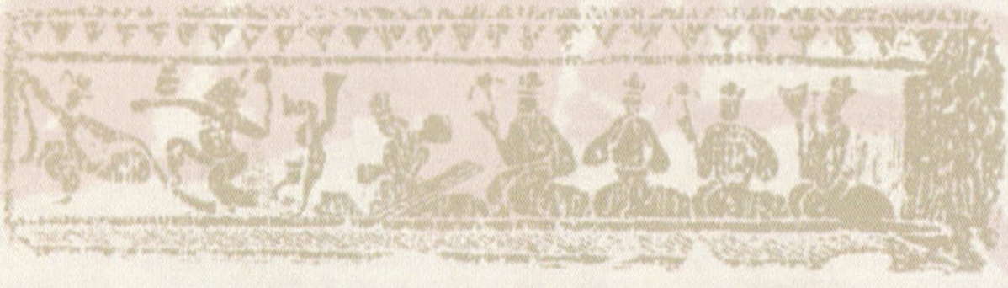

180 为什么古人把博学之士称为“青藜学士”？

青藜是一种植物，青藜学士则用来指代博学的人，这是为什么呢？“青藜学士”的典故出自于《三辅黄图·阁》，书中讲到，在西汉成帝时期，一天夜晚，刘向正在天禄阁聚精会神地读书，有一位穿黄衣、拄着青藜杖的老人突然到来。他看见刘向在昏暗的光线下独自认真读书，觉得孺子可教，就对着青藜杖吹了一口气，然后向刘向传授了《五行洪范》。刘向担心自己光听不记会有遗漏，就撕开衣服，把老者传授的内容一一记录下来，一直到第二天早晨，这位自称是“太乙之精”的老人才离去。后来，“青藜学士”就被用来形容博学之士了。

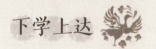

181 为什么古人会把自己的志向寄托于花卉？

古人写作时常会借用特殊的事物来表达自己的志向和意愿，这种手法被称为“托物言志”。花卉的品种众多、特性不一，无疑成为古人描写的重点。比如寒冬中盛开的梅花象征着坚强不屈，长于泥潭却不染尘埃的荷花象征着高洁清白，层层叠叠、色彩艳丽的牡丹象征着雍容富贵……这些花十分常见且有着明显的特征，所以古人运用托物言志的手法便可以形象生动地表达出自己的感情。可以说，托物言志的手法在作者和读者间搭建了一座理解沟通的桥梁，不仅可以让人轻松愉快地接受道理，而且可以把简单的生活体验归纳为具有普遍意义的哲理，引人深思。

182 为什么 古代文人常常会举行诗酒集会？

诗与酒是古人表达情感的重要媒介。在文字产生之前，人们就学会了用吟唱的方式来记录劳动和生活的点滴。酒则不仅是人们交流应酬的日常饮品，更是文人抒发情怀的重要道具。对饮可以激发人们的想象力与创造力，集体宴会的气氛更能调动大家创作的热情。因此，诗酒集会向来是古代文人生活中不可或缺的项目，其规模和影响力在魏晋时期更是达到了顶峰。诗酒集会为古人提供了朝堂之外的交流平台，让大家得以在满足温饱之后思考有关世界和人生的问题，抒发家国情怀。所以古代的读书人、士大夫经常举行诗酒集会，以文会友，切磋交流。

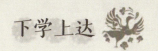

183 为什么在古代书房是家中重要的空间？

书房在古代又叫书斋、山斋，其功能并不局限于藏书、读书、写作，而是主人单设的一处特殊的场所，是归主人独自享用的集卧室、工作室、藏书室、文物陈列室以及小客厅等于一身的混合体。书房之内笔墨纸砚、琴棋书画、茶台香案一应俱全，是主人与知音佳友交流会谈的空间。《说文解字》中说，斋，洁也，故书斋有高洁清雅之意。古人觉得身入书房，心神俱静，陶冶性灵，如同斋戒一般。书房不仅是古人读书、学习、工作的场所，更是他们沉思静悟、安顿心灵的所在，它的布置和陈设体现着主人的地位与品味。因此，对于读书人与士大夫来说，书房是家中重要的空间。

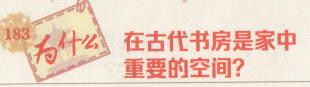

184 为什么孟子会说“穷则独善其身，达则兼济天下”？

“穷则独善其身，达则兼济天下”一句出自《孟子》，意思是：不得志的时候要努力完善自己的道德修养，得志的时候就要努力让天下百姓都得到好处。孟子的这句话是儒家“内圣外王”之道的体现。内圣，就是培养自我的内心修养，希望达到圣人的高度；外王，就是以推己及人的仁义之心来治理国家。儒家希望学者在初学的时候注重塑造自我的品格，管理好自己的生活而非怨天尤人，等到能力提升、机缘合适的时候，便积极入世，为社会建设做贡献。儒家修身、齐家、治国、平天下的理想路线是其哲学思想的重点内容。

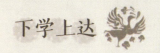

185 为什么古人常常感叹时间流逝？

中国传统的典籍著作中记载了许多古人对飞逝光阴的感叹。如《论语》中孔子说：“逝者如斯夫，不舍昼夜。”意即时间像流水一样消逝，日夜不停。《庄子》中也说：“人生天地之间，若白驹过隙，忽然而已。”即人生在天地之间，就像小白马在细小的缝隙前跑过一样，不过一瞬间。另外，《诗经》中有关春去秋来的描写，《周易》中有关日升月落的记录，都体现了古人对“时间”这一概念的理解和关注。我们从哪里来？我们在做什么？将来要到哪里去？在解答这些问题的同时，人们懂得了要积极劳动、奋发向上、珍惜生命、团结友爱。于是，通过一代代人的努力才创造出辉煌灿烂的文明。所以，古人感叹时间的流逝，是源自他们对自我与世界存在的意义这种根本问题的思考。

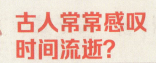

186 为什么古代读书人常常借书?

借书是大部分古代读书人在求学过程中必经的环节。原因有以下几点：一是由于古代科技发展水平相对较低，制作一本书的成本较高，大部分读书人在满足温饱以外没有那么多多余的钱来买书学习。二是在封建社会时期，大量的学术资源被官府垄断，出身贫寒的学子很少有机会能得到，虽然随着时间的发展，学术资源也渐渐下移，有了大量私塾和教书先生，但是书本资源仍旧供不应求，需要借阅抄录学习。三是借来的书往往会有前人、专家的批注，这是十分珍贵的学习资源。四是借来的书会让人有难能可贵的感觉，从而更能促使人抓紧时间尽快读完。借书不仅可以增长知识，更可成为读书人表明自己勤奋学习的象征。因此在古代，读书人借书学习是一种十分正常的社会现象。

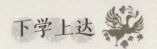

187 为什么 古人为官一生，退休时一般要“刻部稿”？

“刻部稿”的意思就是自己写一本书并出版发行。古代读书人在官场沉浮一生之后，回首来时路往往想给后世留下一些著作。这种思想来自于儒家的“三不朽”思想。“三不朽”是指立德、立功、立言，语出《左传·襄公二十四年》：“太上有立德，其次有立功，其次有立言，虽久不废，此之谓不朽。”立德指遵守道德操守，立功指建立事功业绩，立言指为后世传下有价值的语言。这“三不朽”是古来众多仁人志士追求的永恒价值，而大多数为官者在任职期间一般公务繁忙，无暇著书，所以，他们选择在退休后“立言”，以期在历史中留下雪泥鸿爪。

188 为什么明清时期的故事中会有女扮男装的出仕女子？

古代社会有着一套完整严格的等级制度，其中重要的一点就是男尊女卑，男主外女主内。男子负责家庭的对外事务，劳动工作、养家糊口；女子负责家庭的内部事务，洒扫整顿、相夫教子。在这种礼法制度下，女子没有参加科举、入仕的资格。直到明清时期，由于中央集权统治的弊端日益显现，宦官专权、党争不断，政治局面愈发混乱，导致原先森严的礼法秩序出现松动，再加上阳明心学在一定程度上启发了人们自我意识的觉醒，在社会思潮的推动下，明清时期出现了许多以女扮男装出仕为主题的作品。故事中有抱负的女子希望可以像男子一般入仕，改变自我及家庭的命运，于是她们选择在不挑战制度权威的基础上实现自己的心愿，即女扮男装参加科举。

189 为什么 汉朝时通过孝廉能进入仕途？

孝廉是察举制的一个科目，而察举制是中国古代选拔官吏的一种制度，确立于汉武帝元光元年（前134）。察举制不同于先秦时期的世袭制和之后隋唐时创立的科举制，它是由地方长官在辖区内随时考察、选取人才并推荐给上级或中央，经过试用考核再任命官职的官吏选拔制度。

孝廉是汉武帝创立的察举制度下重要的科目。“孝廉”两字，有孝子廉吏的含义。因为汉武帝时期“独尊儒术”的政策，儒家思想被广泛地应用于政治、社会、思想文化等方方面面。儒家强调为人立身以孝为本，任官从政以廉为方。孝顺父母、清正廉洁，这两点成为对官吏的普遍要求。察举孝廉被确定为汉朝时选拔人才的最重要科目，汉朝的许多青年才俊便是因此步入仕途的。

190 为什么古代学子会对先师行“释菜礼”？

释菜，就是祭菜的意思。“释菜礼”是古代学子入学时祭祀先圣先师的一种典礼。《礼记·学记》记载：“大学始教，皮弁祭菜，示敬道也。”意思是开学的时候，官员和师生们都必须身穿礼服，头戴皮帽，准备肴馔祭拜先圣先师，以表示对学问的尊重。

相传孔子周游列国时曾被困于陈国与蔡国之间，七天没有饭吃，只能靠煮灰菜为食，可他每天仍于室内抚琴作乐。随行弟子看老师生活清贫，皆面露难色，唯有颜回每天从野外采摘野菜回来时，在孔子住所的门口向他行礼致敬，表示尽管老师的处境极为困苦，自己仍不后悔跟随老师学艺的决心。颜回此举，体现了他尊师的美德。后世之人化用典故设置节日，学子们在春日开学之际用野生蔬菜等祭奠先师，以此表示自己从师学艺的不悔决心。

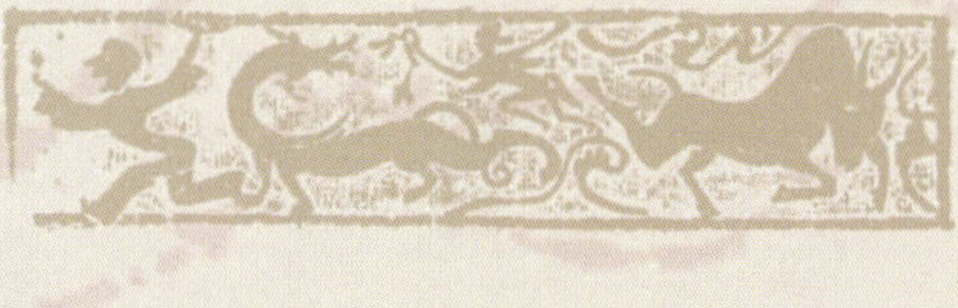

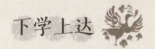

191 为什么乾隆帝钦点刘凤诰为殿试探花？

刘凤诰，字丞牧，号金门，江西省萍乡市上栗县赤山镇观泉村人，清乾隆五十四年（1789）探花。刘凤诰在参加科举考试时，因才学超群，答卷被主考列入向皇帝推荐的前十卷名单，呈送皇帝御览。乾隆帝十分欣赏刘凤诰的才学，于是传他面试，以对对联的形式考核。

乾隆出上联："东启明，西长庚，南箕北斗，谁是摘星汉？"才华横溢的刘凤诰当即对道："春牡丹，夏芍药，秋菊冬梅，臣本探花郎。"用四季名花对四方星宿，且后三字"探花郎"一语双关，别出心裁。乾隆见其对仗工整、韵律和谐，龙心大悦，便成全了他"探花郎"的心愿，当场赐为殿试探花。

192 为什么金榜又叫皇榜？

中国古代将“久旱逢甘霖，他乡遇故知，洞房花烛夜，金榜题名时”并称为人生四大喜事。金榜即古代科举殿试后宣布录取进士、揭晓名次的布告，因为用黄纸书写，故称黄甲、金榜，而考中进士也被称为金榜题名。皇帝的布告用黄色纸书写，这一传统来自于《周易》中的五行文化。古人以五行来解释天地万物，五行即金木水火土，分别代表五个方位和五种颜色。如东方，属木，代表色是青色；西方，属金，代表色是白色；南方，属火，代表色是赤色；北方属水，代表色为黑色；中央，属土，代表色是黄色。皇帝自认是承天命的统治者，端坐中央统御四方，因此专用黄色表示独一无二的地位。

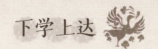

193 为什么中举又被称为夺魁？

夺魁一词，来源于中国古代星辰崇拜中对魁星的崇拜。魁星又称文曲星，在古代被认为是文昌帝君的重要随从之一。相传文昌帝君是掌管士人功名禄位之神，学子供奉其可保佑自己仕途顺利。有关魁星的另一种说法则见于历史典籍《春秋运斗枢》，书中说北斗星中的第一至第四颗星是魁星，由于四星位于北斗星的斗部，四星附近的六颗星为文昌宫，所以民俗中又有“魁星点斗”的说法。

“魁”有首、第一的意思，故古时考生在临考之前大多都会请一尊泥塑的小魁星，以祈求金榜题名，考中的人便是获得了魁星的保佑，因此中举又称“夺魁”。